वेल्डर हिंन्दी MCQ

मनोज डोळे

Made with ♥ on the Notion Press Platform
www.notionpress.com

डिजिटाइजेशन समय की मांग है। भविष्य में, प्रशिक्षण को अधिक सुविधाजनक और आसान बनाने के लिए ऑनलाइन इंटरनेट का उपयोग करके औद्योगिक प्रशिक्षण संस्थानों में प्रशिक्षण आयोजित करने की आवश्यकता होगी। एमसीक्यू प्रश्नों के एक सेट वाली ई-पुस्तकें प्रशिक्षुओं को उपलब्ध कराई जाएंगी क्योंकि उन्हें अपने औद्योगिक प्रशिक्षण संस्थानों में होने वाली ऑनलाइन परीक्षाओं की तैयारी के लिए बहुविकल्पीय प्रश्नों एमसीक्यू के अधिक आदी होने की आवश्यकता है।

इन सब बातों को ध्यान में रखते हुए औद्योगिक प्रशिक्षण संस्थान सतारा के प्रशिक्षक श्री मनोज मधुकर डोले ने नई वार्षिक प्रणाली और एनएसक्यूएफ-5 पाठ्यक्रम के अनुसार पुस्तकें लिखी हैं। और उन्होंने प्रशिक्षण को आसान बनाने के लिए सैद्धांतिक मोबाइल ऐप और ब्लॉग बनाए हैं, और इन सभी शैक्षिक सामग्री को विश्व प्रसिद्ध वेबसाइटों Google Play Store, Amazon और Apple Book Store पर डाउनलोड के लिए उपलब्ध कराया है।

पुस्तकों का प्रकाशन माननीय सहसंचालक श्री राजेंद्र घुमे साहेब प्रादेशिक व्यावसायिक शिक्षण व प्रशिक्षण कार्यालय, पुणे द्वारा दिनांक 9/1/2019 को किया गया, इस समय श्री प्रकाश सहगवकर साहब प्राचार्य शासकीय औद्योगिक प्रशिक्षण संस्थान औंध पुणे, श्री तुकाराम मिसाल साहेब प्राचार्य सरकार प्र. संस्था सतारा, श्री सचिन धूमल साहब जिला व्यावसायिक शिक्षा एवं प्रशिक्षण अधिकारी सतारा, श्री यतिन परगांवकर साहब प्राचार्य शासन. Q. संस्था कोल्हापुर, श्री विकास टेक साहब इंस्पेक्टर वोकेशनल एजुकेशन एंड ट्रेनिंग रीजनल ऑफिस पुणे, पालेकर फूड्स प्रोडक्ट्स प्रा. लि. सतारा के उद्यमी अध्यक्ष श्री नीलकंठराव पालेकर साहब, हीरा फूड्स के अध्यक्ष श्री इब्राहिम बाबा तंबोली साहब, श्रीमती शाल्मली पवार मुख्याध्यापिका शासकीय तकनीकी विद्यालय केंद्र सतारा सहित अन्य गणमान्य व्यक्ति इस अवसर पर उपस्थित थे।

क्रम-सूची

प्रस्तावना

वेल्डर हिंन्दी MCQआईटीआई और इंजीनियरिंग कोर्स वेल्डर के लिए एक सरल ई-बुक है। इसमें रेखांकित और बोल्ड सही उत्तरों के साथ वस्तुनिष्ठ प्रश्न होते हैं एमसीक्यू गैस वेल्डिंग प्लांट के बारे में सभी विषयों को कवर करता है और एमएस शीट में शामिल होता है, एमएस पर विभिन्न प्रकार के जोड़, विभिन्न प्रकार के जोड़- पट्टिका (टी-संयुक्त, गोद और कोने), बट (स्क्वायर और वी), ऑक्सी-एसिटिलीन कटिंग प्लांट और एमएस प्लेट पर विभिन्न कटिंग ऑपरेशन करते हैं, गैस वेल्डिंग (ओएडब्ल्यू) द्वारा विभिन्न प्रकार के एमएस पाइप जोड़ों में वेल्डिंग करते हैं, एमएस पाइप जोड़ों के प्रकार - बट, कोहनी, टी-संयुक्त, कोण (45?) संयुक्त, निकला हुआ किनारा संयुक्त, SMAW मशीन और SMAW द्वारा विभिन्न प्रकार के MS पाइप जोड़ों में वेल्डिंग करना, डाई प्रवेश परीक्षण, चुंबकीय कण परीक्षण, निक ब्रेक परीक्षण, फ्री बैंड परीक्षण, पट्टिका फ्रैक्चर परीक्षण, GTAW द्वारा एल्यूमीनियम और MS पाइप संयुक्त , प्लाज्मा आर्क काटने की मशीन और लौह और अलौह धातुओं में कटौती, प्रतिरोध स्थान वेल्डिंग मशीन, टांकना ऑपरेशन, कच्चा लोहा मशीन भागों मिश्र धातु इस्पात घटकों का कठिन सामना करना पड़ रहा है और बहुत कुछ।

हम प्रत्येक नए संस्करण के साथ नए प्रश्न उत्तर जोड़ते हैं। किसी भी त्रुटि/चूक के मामले में कृपया हमें ईमेल करें। यह यकीनन सभी इंजीनियरिंग बहुविकल्पीय प्रश्नों और उत्तरों के लिए सबसे बड़ी और सर्वश्रेष्ठ ई-बुक है।

एक छात्र के रूप में आप इसे अपनी परीक्षा की तैयारी के लिए उपयोग कर सकते हैं। यह ई-पुस्तक प्रोफेसरों के लिए सामग्री को ताज़ा करने के लिए भी उपयोगी है।

भूमिका

डीजीईटी नई दिल्ली और सीएसटीएआरआई कोलकाता अगस्त 2018 सत्र से आईटीआई में सभी व्यवसायों के लिए एक वार्षिक पैटर्न लागू कर रहे हैं। परीक्षा प्रणाली में भी बदलाव किया जाएगा और यह इस साल से ऑनलाइन हो जाएगी और चूंकि सभी प्रश्न वस्तुनिष्ठ प्रकार (एमसीक्यू) के हैं, इसलिए प्रशिक्षुओं को गहन अध्ययन की सख्त जरूरत है। इसे ध्यान में रखते हुए हमें पुराने NIMI पैटर्न पर आधारित पुस्तकें और नए वार्षिक पैटर्न का संपूर्ण अवलोकन प्रस्तुत करते हुए प्रसन्नता हो रही है, और हम आशा करते हैं कि ये पुस्तकें सभी व्यावसायिक निदेशकों और प्रशिक्षुओं के लिए एक मार्गदर्शक होंगी। है।

इन पुस्तकों को लिखने के लिए आईटीआई अकलुज के प्राचार्य जोहर अवाटे साहब ने कहा। आईटीआई सतारा सहगवकर साहब के पूर्व प्राचार्य, सहायक निदेशक श्री चंद्रकांत ढेकने साहेब क्षेत्रीय व्यावसायिक शिक्षा एवं प्रशिक्षण कार्यालय, पुणे, जिला व्यावसायिक शिक्षा एवं प्रशिक्षण अधिकारी सचिन धूमल साहेब एवं प्रधानाध्यापक शासकीय तकनीकी विद्यालय केन्द्र शाल्मली पवार मैडम एवं पुत्र अधिराज डोले, माता कुसुम डोले , मैं अपने पिता मधुकर डोले और पत्नी अश्विनी डोले को समय-समय पर उनके विशेष मार्गदर्शन और सहयोग के लिए बहुत आभारी हूं।

साथ ही, बहुत ही कम समय में श्री राजेन्द्र घुमे साहेब, संयुक्त निदेशक, व्यावसायिक शिक्षा और प्रशिक्षण क्षेत्रीय कार्यालय, पुणे द्वारा पुस्तक के प्रकाशन में उनके अमूल्य समय के लिए पुस्तक की समीक्षा की गई। मैं उनकी प्रतिक्रिया के लिए हृदय से आभारी हूँ।

पुस्तक लिखने की शुरुआत से ही निरंतर समर्थन के लिए मैं आईटीआई सतारा के प्रशिक्षक का आभारी हूं।

इस पुस्तक से, मैं खुद को धन्य मानता हूं कि मैंने आपके साथ ई-लर्निंग पर अपने विचार साझा किए। मैं यह दावा नहीं करूंगा कि यह पुस्तक पूर्ण है, क्योंकि पूर्णता को देखते हुए यह पुस्तक एक प्रयास है और अपनी शैशवावस्था में है। यदि उनका परीक्षण और सुझाव दिया जाए तो वे सुधार के लिए मूल्यवान होंगे।

मनोज डोले

दिनांक 9/1/2019

पावती (स्वीकृति)

21वीं सदी में औद्योगिक क्षेत्र में तेजी से बढ़ती मांग के अनुरूप बहु-कुशल कारीगरों की आपूर्ति के लिए व्यावसायिक शिक्षा और प्रशिक्षण विभाग के माध्यम से व्यावसायिक शिक्षा और प्रशिक्षण विभाग के माध्यम से व्यावसायिक शिक्षा और प्रशिक्षण प्रदान किया जाता है। संस्थानों के भीतर सभी व्यवसाय महत्वपूर्ण हैं, क्योंकि इन व्यवसायों के प्रशिक्षु उद्योग की मांगों के अनुसार बहु-कौशल विकसित करते हैं।

सभी व्यवसायों के लिए उपयुक्त एमसीक्यू ई-पुस्तकें उपलब्ध कराने के नेक इरादे से, यह देखते हुए कि औद्योगिक क्षेत्र के सभी उद्योगों में सभी परीक्षाएं ऑनलाइन आयोजित की जाती हैं और इसमें एमसीक्यू पद्धति के प्रश्न शामिल होते हैं। श्री मनोज मधुकर डोले ने नए वार्षिक पाठ्यक्रम के अनुसार एमसीक्यू पद्धति पर एक बहुत अच्छी ई-बुक लिखी है। यह ई-पुस्तक निश्चित रूप से सभी प्रशिक्षुओं, प्रशिक्षु उम्मीदवारों, प्रशिक्षण प्रशिक्षकों और अन्य संबंधितों के लिए एक मार्गदर्शक होगी।

पुस्तक के लेखक श्री मनोज मधुकर डोले, इंस्ट्रक्टर गॉव आईटीआई सतारा को 17 साल का प्रशिक्षण अनुभव है। एक नए वार्षिक पैटर्न के रूप में लिखी गई, यह ई-बुक प्रत्येक विषय के लिए लेआउट, सरल भाषा और सरल सिंटैक्स, आरेख और वीडियो को समझने के लिए आधुनिक डिजिटल क्यूआर कोड तकनीक को शामिल करती है। इसलिए मुझे विश्वास है कि यह ई-पुस्तक निश्चित रूप से गहन अध्ययन और परीक्षा अभ्यास के लिए उपयोगी होगी। उन्होंने जो कार्य किया है वह निश्चित रूप से काबिले तारीफ है।

श्री तुकाराम मिसाल
प्राचार्य शासकीय औद्योगिक प्रशिक्षण संस्था सातारा.

आमुख

हमारे औद्योगिक प्रशिक्षण संस्थानों की औद्योगिक प्रशिक्षण और सैद्धांतिक परीक्षा प्रणाली और इन परिवर्तनों को शिल्प प्रशिक्षकों और प्रशिक्षुओं द्वारा स्वीकार किया गया है। आपके औद्योगिक प्रशिक्षण संस्थानों में आयोजित सैद्धांतिक परीक्षाएं भी ऑनलाइन आयोजित की जाती हैं। चूंकि ये परीक्षाएं बहुविकल्पीय एमसीक्यू पद्धति की हैं, इसलिए प्रशिक्षुओं को ऐसे प्रश्नों का अधिक अभ्यास करने की आवश्यकता होगी।

इन सब बातों को ध्यान में रखते हुए श्री मनोज मधुकर, निदेशक, डोले क्राफ्ट्स, कटारी औद्योगिक प्रशिक्षण संस्थान, सतारा, ने नई वार्षिक प्रणाली और NSQF-5 के अनुसार, गहन अध्ययन किया है और अपनी मेहनत से और अपनी गहरी बुद्धि को जोड़ा है। पाठ्यक्रम, कटारी और अन्य मशीन ट्रेडों की ई-बुक। -बुक) और उन्होंने प्रशिक्षण को आसान बनाने के लिए सैद्धांतिक विषयों पर मोबाइल ऐप और ब्लॉग बनाए हैं और इन सभी शैक्षिक सामग्री को विश्व प्रसिद्ध वेबसाइटों Google Play Store, Amazon और Apple Book Store पर डाउनलोड के लिए उपलब्ध कराया है। प्रिंट संस्करण बनाकर और क्यूआर कोड जैसी उन्नत तकनीकों का उपयोग करके प्रशिक्षण को आसान बना दिया गया है।

ये सभी शैक्षिक सामग्री निश्चित रूप से सभी प्रशिक्षुओं के लिए गहन अध्ययन के लिए और शिल्प प्रशिक्षकों और अन्य संबंधितों के लिए एक मार्गदर्शक होगी जो व्यावसायिक प्रशिक्षण प्रदान कर रहे हैं।

1

वेल्डर हिंन्दी QR Code Images

Download App

Online Test Exam

ITI Books

AutoCAD CAM

JOB & Apprentice

Online Theory

Computer Course

Trading Course

CNC Course

MSCIT Course

Shopping Business

Internet Business

Web Designing

Online Services

Top Sportsmans

Indian Army

Freedom Fighters

Top Scientists

Social Reformers

Motivational Speaker

Top Richest People

Join WhatsApp Group

Join Facebook Group

Like Facebook Page

PAN / Adhar / Licence Passport

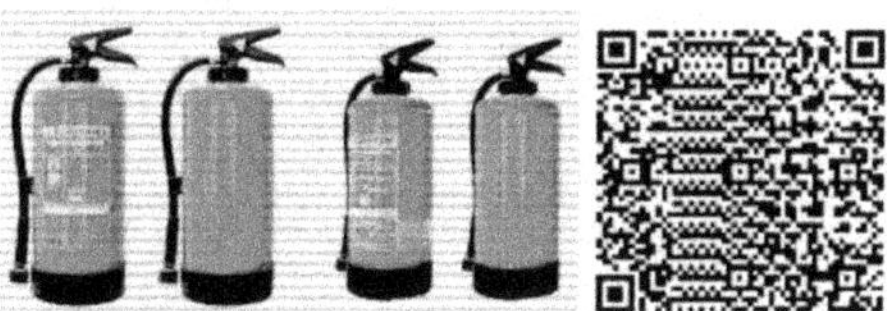

Fire extinguisher

Calliper

Hacksaw frame

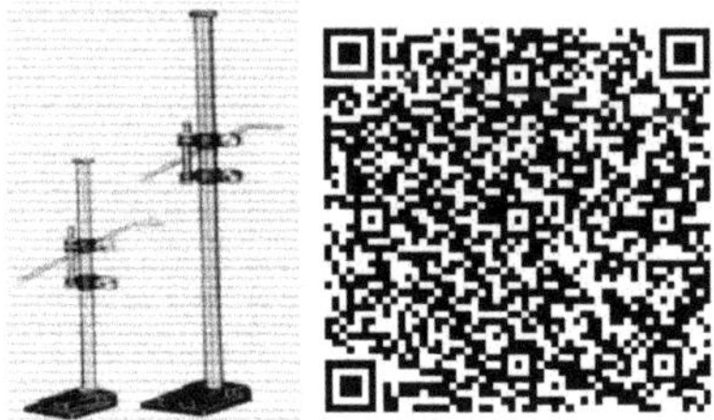

Universal surface guage

Hammer

Centre punch

Bench vice

Files

Scraper

Surface Plate

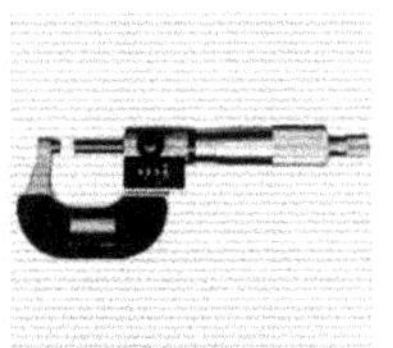

Outside Micrometer

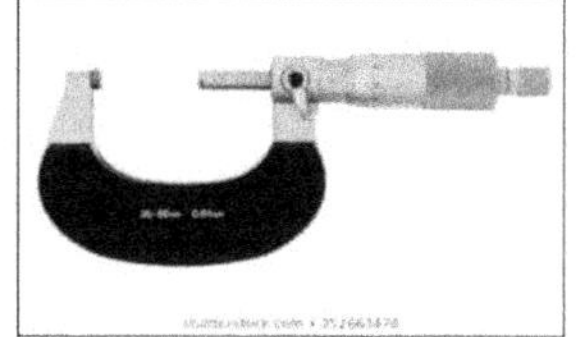

Micrometer

Depth micrometer

Vernier Calliper

Vernier bevel protractor

Drilling

Reamer

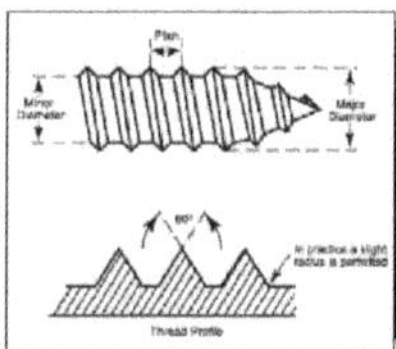

Thread

Tap Die

Grinding Wheel

Tap Die

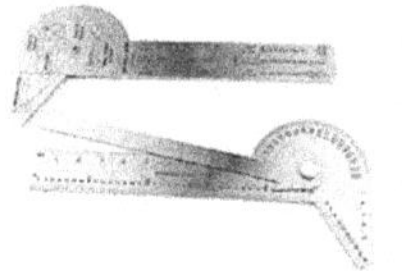

Centre gauge

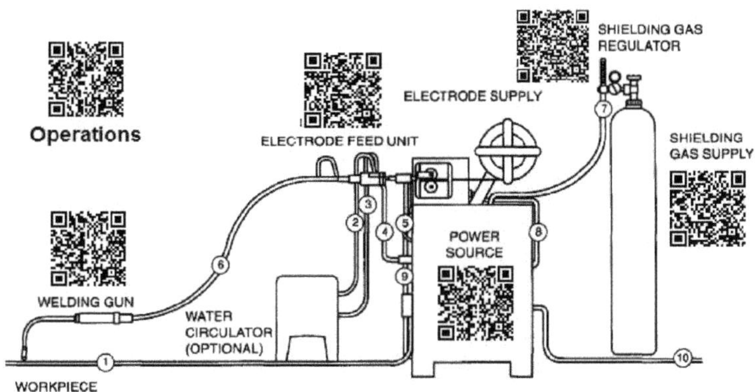

Gas Metal Arc Welding

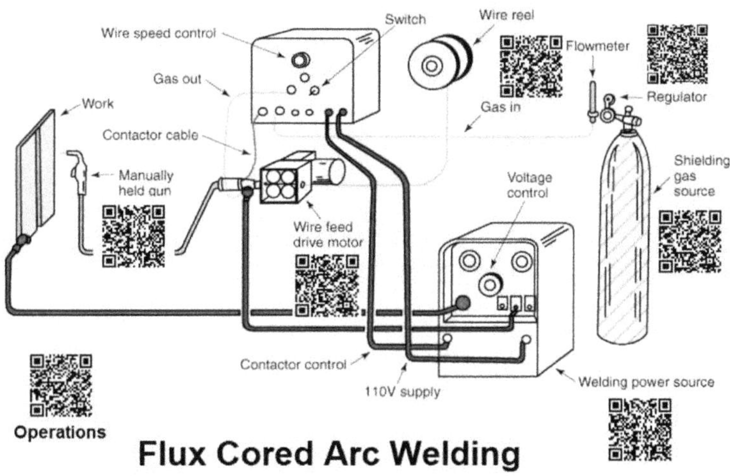

Flux Cored Arc Welding

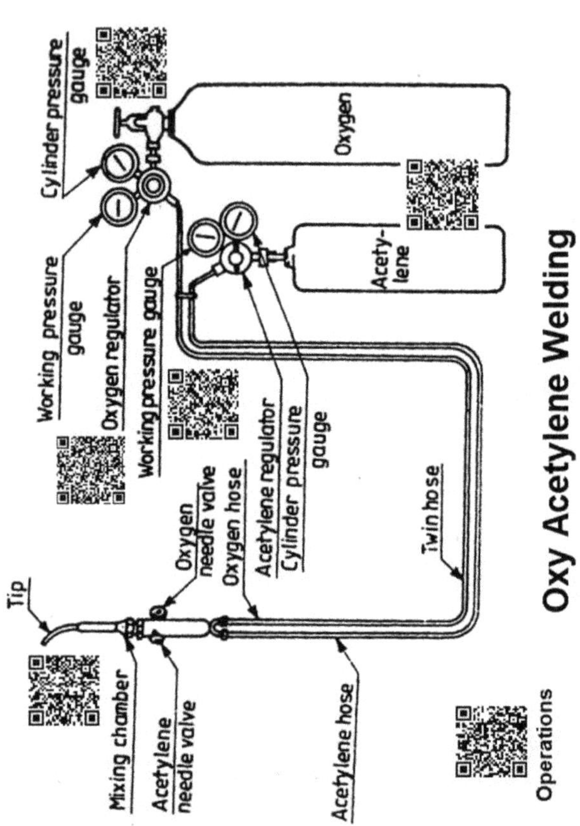

Oxy Acetylene Welding

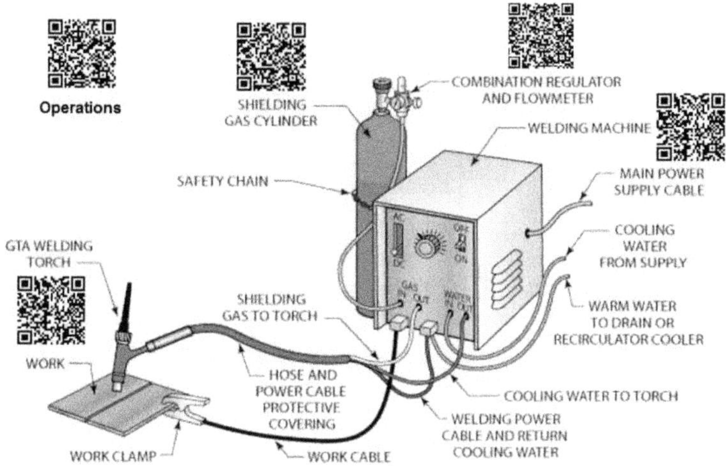

GTAW EQUIPMENT

(GAS TUNGSTEN ARC WELDING)

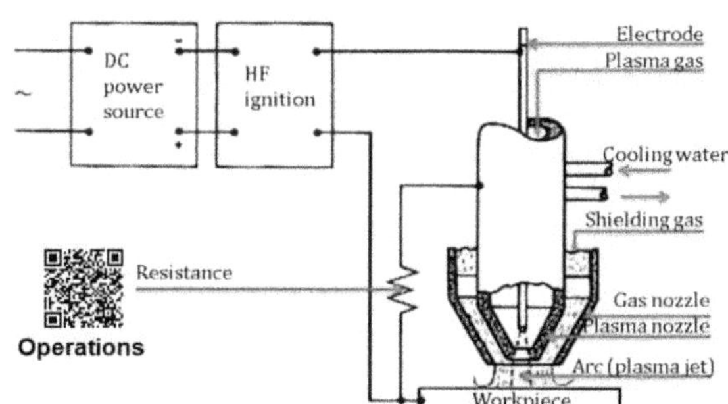

Plasma Transferred Arc Welding

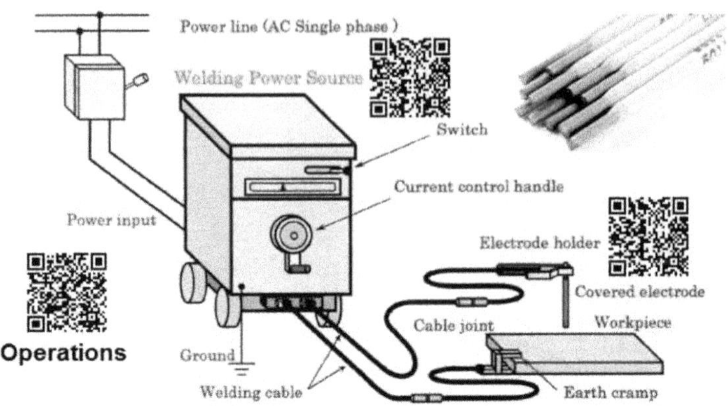

Shielded Metal Arc Welding

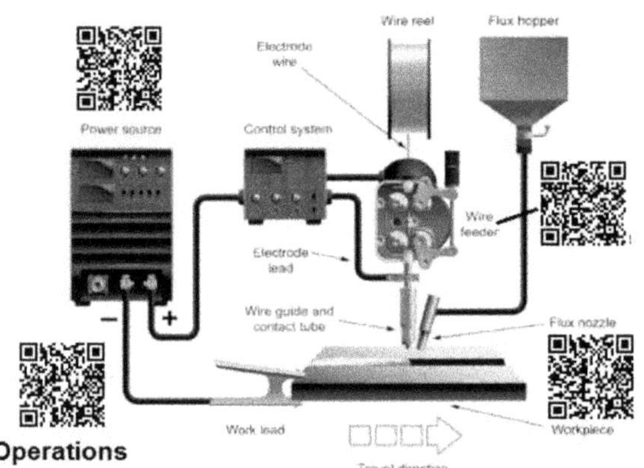

Submerged Arc Welding

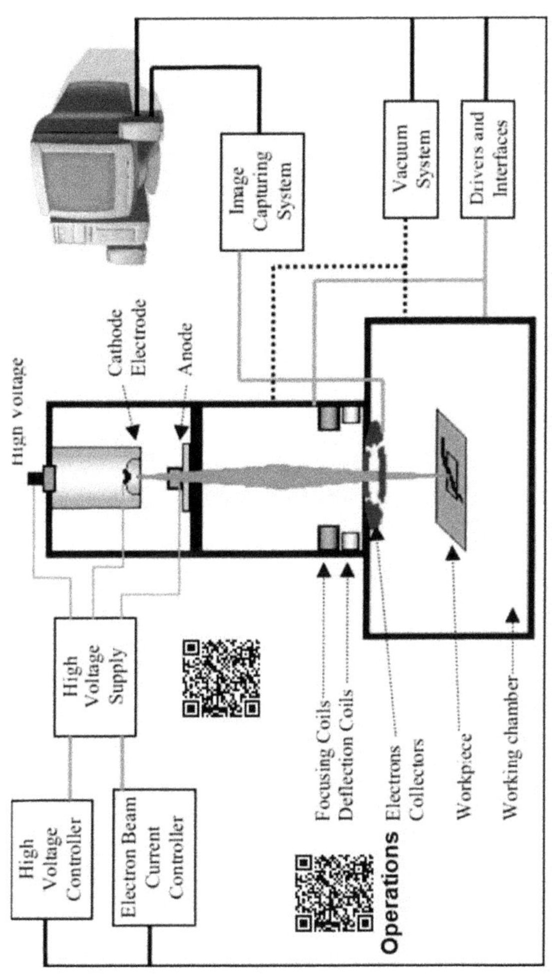
High Voltage Controller
Electron Beam Current Controller
High Voltage Supply
High voltage
Cathode Electrode
Anode
Image Capturing System
Vacuum System
Drivers and Interfaces
Operations
Focusing Coils
Deflection Coils
Electrons Collectors
Workpiece
Working chamber
Electron Energy Beam Welding

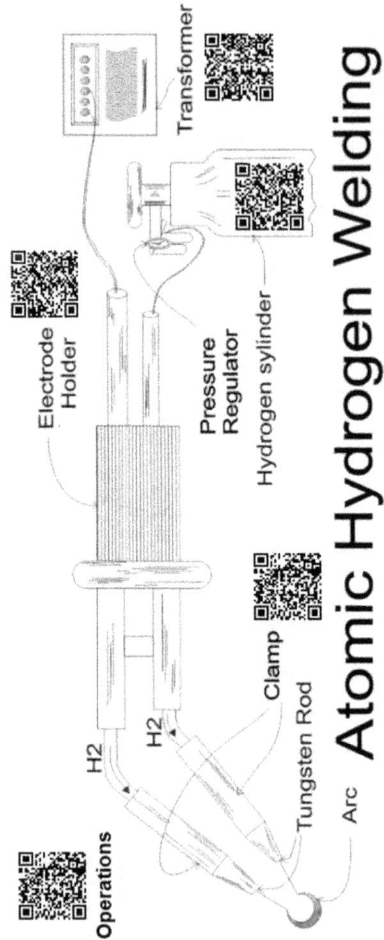
Transformer
Electrode Holder
Pressure Regulator
Hydrogen sylinder
H2
H2
Clamp
Tungsten Rod
Arc
Operations
Atomic Hydrogen Welding

nibbling machine

slant notch

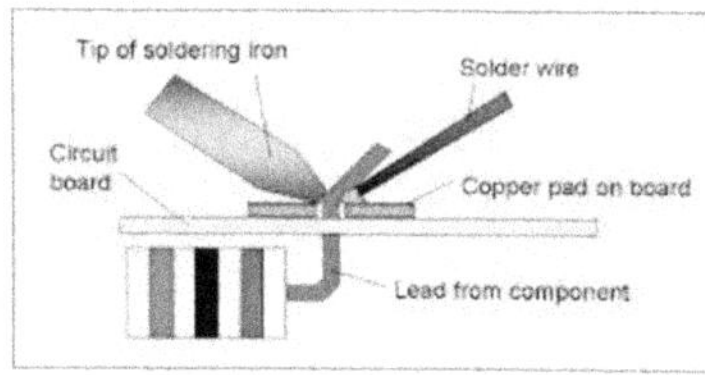

soldering

acytiline gas purifier

hydraulic back pressure valve

bronze welding

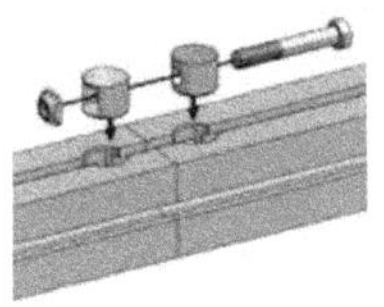

aluminium butt joint

coated electrodes

dc welding generator

nick break test

pipe welding

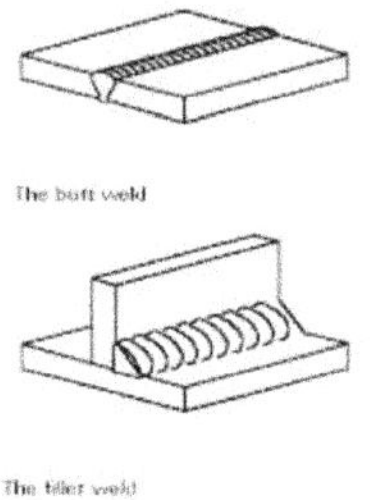

Figure 1 The two basic types of weld

welding joints

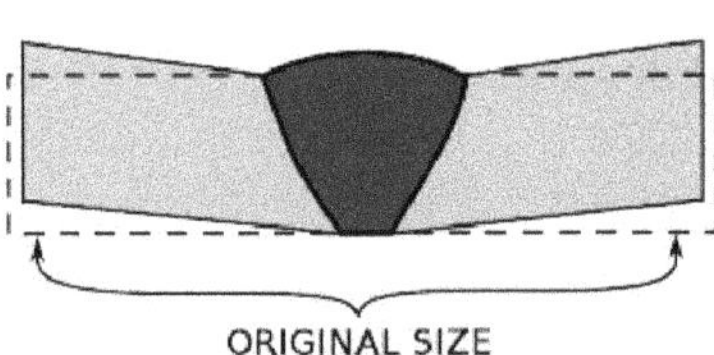

distortion

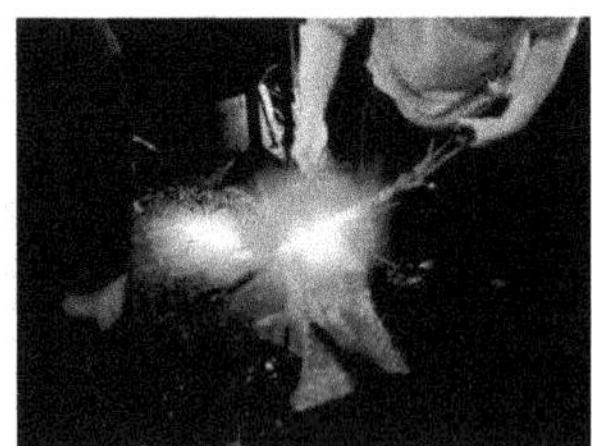

forge welding

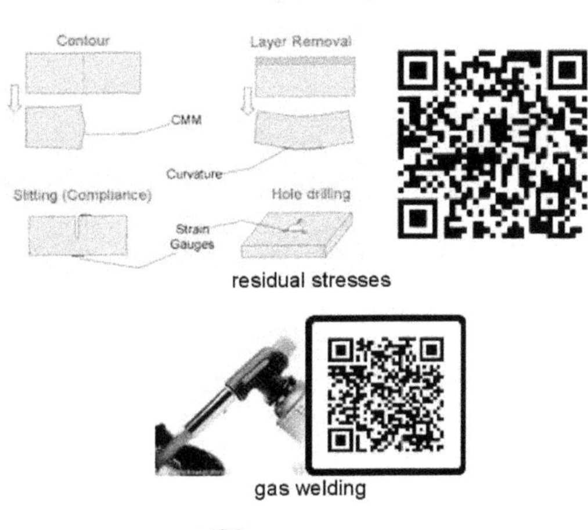

residual stresses

gas welding

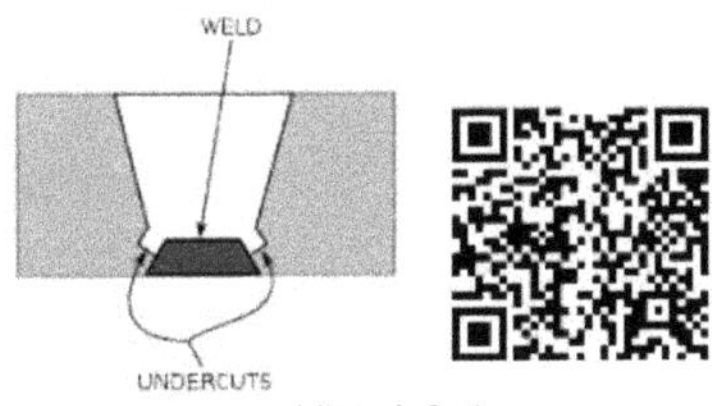

welding defects

2

वेल्डर हिंन्दी MCQ

1] कौन सी वर्कशॉप सेफ्टी है?

<u>ए] दुकानकेफर्शकोसाफऔरग्रीस, तेलयाअन्यफिसलनसामग्रीसेमुक्तरखें</u>

बी] गति बदलने से पहले मशीन बंद करो

सी] फटे या चिपके हुए औजारों का प्रयोग न करें

D] चल रही मशीन को हाथ से रोकने की कोशिश न करें

2] पर्सनल प्रोटेक्ट इक्विपमेंट (पीपीई) में हेल्मेट का उपयोग किया जाता है

<u>ए] सिरकीरक्षाकरें</u>

बी] आंखों की रक्षा करें

सी] हाथों की रक्षा करें

डी] कानों की रक्षा करें

3] निम्नलिखित में से कौन सामान्य सुरक्षा से संबंधित है?

A एक कार्यकर्ता को अच्छे व्यवहार में रखें

बी] काम साफ और स्पष्ट

सी] अपने काम पर ध्यान लगाओ

<u>डी] फर्शऔरगैंगवेकोसाफऔरसाफरखें</u>

4] पीसते समय आंखों की सुरक्षा के लिए किसका प्रयोग किया जाता है?

ए] गहरा हरा कांच

बी] मुखौटा

सी] धूप का चश्मा

<u>डी] सुरक्षाचश्मा</u>

5] मशीन सुरक्षा के लिए निम्नलिखित में से क्या किया जाता है?

<u>ए] मशीनशुरूकरनेसेपहलेतेलकेस्तरकीजांचकरें</u>

बी] चीजों को व्यवस्थित तरीके से करें

सी] फर्श और गैंगवे को साफ और साफ रखें

डी] डाई और स्कार्फ का प्रयोग न करें

6] पर्सनल प्रोटेक्ट इक्विपमेंट (पीपीई), 'स्लीव्स' का इस्तेमाल ---------- की सुरक्षा के लिए किया जाता है

एक चेहरा

बी] आंखें

सी] कान

<u>डी] हाथ</u>

7] एबीसी का मतलब --------------

ए] स्वचालित श्वास नियंत्रण

बी] स्वचालित रक्त नियंत्रण

<u>सी] वायुमार्गश्वासपरिसंचरण</u>

डी] स्वचालित रक्त परिसंचरण

8] आग और आग बुझाने वाले यंत्र

fire extingusher Fire Extingusher

अग्निशामक: आग

9] "क्लास बी" की आग को बुझाने के लिए किस प्रकार के अग्निशामक यंत्र का उपयोग किया जाता है ....

<u>ए] शुष्कशक्ति</u>

बी] कार्बन डाइऑक्साइड

सी] पानी की जेट

डी] फोम प्रकार

10] सामान्य आग को बुझाने के लिए किस प्रकार के अग्निशामक यंत्र का उपयोग किया जाता है?

<u>ए] जलप्रकारबुझानेवाला</u>

बी] फोम प्रकार बुझाने वाला

सी] शुष्क रासायनिक पाउडर एक्सटिंगुइशर

डी] कार्बन डाइऑक्साइड (C02] बुझाने वाला)

11] खून बहने की स्थिति में उपचार करें

डी] ठंडा 3" और आराम

<u>ए] ठंडेपानीकाछिड़कावकरें</u>

बी] तुरंत पट्टी -----।

बी] दुर्घटना विचार उपचार के बारे में पूछताछ

safety workshop safety

12] दुर्घटना की स्थिति में पीड़ित को

ए] आराम करने के लिए कहा

<u>सी] तुरंतभागलिया</u>

डी] उसे छोड़ दो

13] प्राथमिक उपचार किसी घायल या बीमार व्यक्ति को प्राथमिक रूप से दिया जाता है....

ए] जीवन बचाओ

बी] मफ की और गिरावट को रोकें

सी] सर्वोत्तम संभव आराम दें

<u>डी] येसभी</u>

14] बेकार कागज को अलग करने के लिए डिब्बे का रंग कोड है -----

<u>ए] नीलारंग</u>

बी] पीला रंग

सी] लाल रंग

डी] हरा रंग

15] जापानी में Seiko का अर्थ -------------- होता है

<u>ए] शाइन</u>

बी] क्रमबद्ध करें

सी] मानकीकरण

डी] सस्टेनेबल

16] एसएस प्रणाली का लाभ है ------

ए] उत्पादकता में वृद्धि

बी] गुणवत्ता में वृद्धि

सी] समय की बर्बादी में कमी

डी] येसभी

17] सुरक्षा है -----------

ए] किसी का व्यवसाय नहीं

बी] हरबॉडीबिजनेस

सी] कुछ निकायों का व्यवसाय

डी] संगठन व्यवसाय

18] सुरक्षा चिन्हों की बुनियादी श्रेणियों के लिए "निषेध" चिन्ह का अर्थ उपलब्ध है ----

ए] दिखाताहैकियहनहींकियाजानाचाहिए

बी] दिखाता है कि क्या किया जाना चाहिए

सी] खतरे या खतरे की चेतावनी देता है

डी] सुरक्षा प्रावधान की जानकारी देता है

18] एक माइक्रोमीटर (U) बराबर होता है...

ए] 0.1 मिमी

बी] 0.01 मिमी

सी] 0.001 मिमी

डी] 0.0001 मिमी

19] एक स्लॉट की चौड़ाई मापने के लिए कैलीपर है...

ए] अजीब पैर कैलिपर

बी] बाहरी कैलिपर

सी] जेनी कैलिपर

डी] कैलिपरकेअंदर

caliper hand tools

कैलिपर

20] डिवाइडर का आकार ----------- द्वारा निर्दिष्ट किया जाता है

ए] पैरों की कुल लंबाई

बी] पूरी तरह से खुलने पर बिंदुओं के बीच की दूरी

सी] बिना बिंदुओं के पैरों की लंबाई

डी] धुरीऔरबिंदुकेबीचकीदूरी

21] डेटम किनारे के समानांतर समानांतर रेखाओं को चिह्नित करने के लिए इस्तेमाल किया जाने वाला उपकरण है -

ए] जेनीकैलिपर

बी] डिवाइडर

सी] बाहरी कैलिपर

डी] कैलिपर के अंदर

22] निम्नलिखित में से कौन सा एक अप्रत्यक्ष माप उपकरण है?

ए] बाहरीकैलिपर

बी] वर्नियर कैलिपर

सी] स्टील नियम

डी] बाहरी माइक्रोमीटर

23] पतली टयूबिंग काटने के लिए, हैक्सॉ ब्लेड की सबसे उपयुक्त पिच है...

ए] 1.8 मिमी

बी] 1.4 मिमी

सी] 1 मिमी

डी] 0.8 मिमी

24] ठोस पीतल काटने के लिए, हैक्सॉ ब्लेड की सबसे उपयुक्त पिच है...

ए] 1.8 मिमी

बी] 1.4 मिमी

सी] 1 मिमी

डी] 0.8 मिमी

hacksaw Hacksaw Frame Blade

हक्सॉ फ्रेम

25] एक नया हैक्सॉ ब्लेड कुछ स्ट्रोक के बाद ढीला हो जाता है क्योंकि...

ए] ब्लेडकाखिंचाव

बी] विंग-अखरोट के धागे खराब हो रहे हैं

सी] ब्लेड की गलत पिच

डी] आरी के सेट का अनुचित चयन।

26] छोटे व्यास के पाइपों को काटते समय नियमित रूप से देखने और यह सुनिश्चित करने की सलाह दी जाती है कि...

ए] कट घुमावदार रेखा के साथ है

बी] अधिकदेखादांतअनुबंधमेंहैं

सी] काम ज़्यादा गरम नहीं है

डी] हैकसॉ का उचित संतुलन बनाए रखा जाता है

27] वाइस क्लैम्प का उपयोग किया जाता है ...

ए] कठोर जबड़े की रक्षा करें

बी] काम के टुकड़ों को सख्ती से जकड़ें

सी] तैयारसतहोंकीरक्षाकरें

डी] जंगम जबड़े को दाखिल होने से रोकें

28] अंकन के दौरान संदर्भ सतह द्वारा प्रदान की जाती है ...

ए] भूतल गेज

बी] वर्कपीस

सी] काम का चित्रण

डी] तालिकाकीसतहकोचिह्नितकरना

29] एक इंजीनियर के वाइस का आकार किसके द्वारा निर्दिष्ट किया जाता है...

ए] जंगम जबड़े की लंबाई

बी] जबड़ेकीचौड़ाई

सी] वाइस की ऊंचाई

D] जबड़ों का अधिकतम खुलना

31] स्क्राइबर किससे बने होते हैं...

ए] माइल्ड स्टील

बी] उच्चकार्बनस्टील

सी] पीतल

डी] कच्चा लोहा

32] हथौड़े के हैंडल को ठीक करने के लिए इस्तेमाल किया जाने वाला हिस्सा है...

एक चेहरा

बी] पीन

सी] गाल

डी] आँखकाछेद

33] अंकन के उद्देश्य के लिए हथौड़े का वजन है...

ए] 250g

बी] 500g

सी] 1 किलो
डी] 2 किग्रा

hammer Hammers

हथौड़ा

34] डिवाइडर का आकार किसके द्वारा निर्दिष्ट किया जाता है...
ए] पैरों की कुल लंबाई
बी] पूरी तरह से खुलने पर बिंदुओं के बीच की दूरी
सी] बिंदुओं के बिना पैरों की लंबाई
डी] धुरीऔरबिंदुकेबीचकीदूरी
35] 'वी' ब्लॉक के खांचे का सम्मिलित कोण हमेशा होता है....
ए] 45◦
बी] 60◦
सी] 90◦
डी] 120◦
36] 'वी' ब्लॉक ग्रेड में उपलब्ध हैं ...
ए] एऔरबी
बी] ए, बी और सी
सी] 1,2 और 3
डी] 1 और 2
37] ग्रेड 'बी' के 'वी' ब्लॉक के बने होते हैं
ए] कच्चालोहा
बी] हल्के स्टील
सी] स्टील
डी] कास्ट स्टील
38] केंद्र का पता लगाने के लिए इस्तेमाल किए जाने वाले पंच का नाम बताइए।
A] प्रिक पंच 30°
B] प्रिक पंच 60°

सी] केंद्रपंच

डी] डॉट पंच

Centre punch 1 Punches

केंद्र पंच

39] सेंटर पंच का पॉइंट एंगल -------- होता है

ए] 30 डिग्री

बी] 50 डिग्री

सी] 900

डी] 1200

40] पंचों का उपयोग किसी भी आकार के ---------- बनाने के लिए किया जाता है

ए] छेद

बी] खनन

सी] नूरलिंग

सपना देखना

41] आम तौर पर वाइस के हैंडल की लंबाई ---------- होती है

ए] वाइस के सामान्य आकार का 1.5 गुना

बी] वाइसकेसामान्यआकारका 2.5 गुना

सी] वाइस के सामान्य आकार का 3.5 गुना

डी] वाइस के सामान्य आकार का 4.5 गुना

bench vice Bench Vice

बेंच वाइस

42] बेंच वाइस स्पिंडल .... का बना होता है।

ए] माइल्डस्टील

बी] कच्चा लोहा

सी] टूल स्टील

डी] कांस्य

43] फाइलों की उत्तलता मदद करती है...

ए] अवतल सतहों को फाइल करने के लिए

बी] उत्तल सतहों को फाइल करने के लिए

सी] कामकेकिनारोंकोगोलकरनेसेरोकनेकेलिए

D] दबाव डालने पर फाइल सीधी हो जाती है

files 1 Files

फ़ाइलें

44] लकड़ी, चमड़ा और अन्य नरम सामग्री भरने के लिए किस फाइल का उपयोग किया जाता है? .

ए] सिंगल कट फाइल

बी] डबल कट फ़ाइल

सी] रास्पकटफ़ाइल

डी] घुमावदार कट फ़ाइल

45] प्रयुक्त फाइल का प्रयोग ------------ के लिए किया जाता है

ए] काम के टुकड़े की सफाई

सी] फ़ाइल दांतों का नवीनीकरण

बी] फाइलदांतोंकीसफाई

डी] चिप्स की सफाई

46] फाइल कार्ड का उपयोग -------- के लिए किया जाता है

ए] काम के टुकड़े को साफ करें

सी] फ़ाइल दांत नवीनीकृत करें

बी] फाइलदांतसाफकरें

47] स्क्राइबर का बिंदु कोण ----------- है

ए] 30 डिग्री

बी] 60 डिग्री

सी] 5° से 10°

डी] 12° से 15°

21] स्ट्रेट स्निप के लिए कटिंग एंगल है...

ए] 60◦

बी] 70◦

सी] 82◦

डी] 87◦

22] आयताकार ट्रे को विकसित करने के लिए विकास की किस विधि का उपयोग किया जाता है?

ए] त्रिकोणीय विधि

बी] रेडियल लाइन विधि

सी] समानांतररेखाविधि

डी] परीक्षण और त्रुटि विधि

23] हाथ के स्तर के कतरनी के ऊपरी ब्लेड के चाकू काटने वाले किनारे की रूपरेखा क्या है?

ए] घुमावदार

बी] सीधे

सी] झुका हुआ

डी] बेवलड

24] शीट मेटल वर्क में ग्रोवर का उपयोग किस उद्देश्य के लिए किया जाता है?

ए] एक हेम बनाने के लिए

बी] खांचे बनाने के लिए

सी] <u>तेजीकोबंदकरनेऔरबंदकरनेकेलिए</u>

डी] ताकत के लिए फिर नौकरी के किनारे

25] शीट मेटल के किनारों को शार्प बेंड, फोल्डिंग बनाने के लिए किस प्रकार का दांव चुनना है?

ए] <u>हैचेटहिस्सेदारी</u>

बी] चोंच लोहे की हिस्सेदारी

सी] स्क्वायर एज हिस्सेदारी

डी] टिनमैन की निहाई हिस्सेदारी

26] अमोनियम क्लोराइड का उपयोग टांका लगाने के लिए फ्लक्स के रूप में किया जाता है...

ए] <u>स्टील</u>

बी] एल्यूमीनियम

सी] जस्ती लोहा

डी] स्टेनलेस स्टील

27] एक पाइप टी जोड़ के लीक प्रूफ जोड़ों को बनाने और खत्म करने के लिए उपयोग किए जाने वाले उपकरण का नाम बताएं

ए] <u>ग्रोवर</u>

बी] हथौड़ा स्थापित करना

सी] क्रीजिंग हैमर

डी] राउंड बॉटम स्टेक

28] निम्नलिखित में से कौन सी धातु एक्स-रे से गुजरने की अनुमति नहीं देगी?

ए] स्टेनलेस स्टील

बी] एल्यूमीनियम

सी] <u>सीसा</u>

डी] टिन

nibbling machine wd Nibbling machine

निबलिंग मशीन

29] निबलिंग मशीन में कटिंग एज के ऊपर और नीचे कंपन की आवृत्ति होती है...

ए] 1000 से 1500 बार

बी] 1500 से 2500 बार

सी] 2800 से 3000 बार

डी] 3000 से 3500 बार

30] एक पाइप टी जोड़ के मुख्य पाइप के साथ शाखा पाइप की लंबवतता की जांच करने के लिए इस्तेमाल किए जाने वाले उपकरण का नाम दें

ए] चांदा

बी] स्क्वायरकाप्रयासकरें

सी] आत्मा स्तर

डी] सीधा किनारा

slant notch wd Slant notch

तिरछा पायदान

31]। जब एक ही हेम समकोण पर मिलता है तो किस प्रकार के पायदान का उपयोग किया जाता है?

ए] वी पायदान

बी] भट्ठा पायदान

सी] तिरछापायदान

डी] वर्ग पायदान

32] छोटे छिद्रों को काटने के लिए किस पंच एंड डाई प्रकार की मशीन का उपयोग किया जाता है?

ए] कतरनी प्रकार निबलर

बी] पंचप्रकारनिबलर

सी] परिपत्र काटने की मशीन

डी] गिलोटिन बाल काटना मशीन

33] ब्लो पाइप नोजल के अधिक गर्म होने से बचना चाहिए क्योंकि यह

ए] बैकफायरकाकारणबनताहै

बी] अधिक ऑक्सीजन और एसिटिलीन का उपभोग करें

सी] जोड़ में दोष के माध्यम से जलन पैदा करें

डी] जोड़ में अंडरकट दोष पैदा करना

34] नोजल का आकार बताएं जिसे आप 3.15 मिमी मोटी माइल्ड स्टील शीट को वेल्ड करने के लिए चुनेंगे

ए] 3

बी.5

सी] 7

डी] 10

35] पीतल की वेल्डिंग के लिए लगाई जाने वाली लौ का प्रकार है...

ए] एयर एसिटिलीन लौ

बी] तटस्थ लौ

सी] ऑक्सीकरणलौ

डी] कार्बराइजिंग लौ

36] बायीं ओर तकनीक का उपयोग करके गैस वेल्डिंग के लिए अनुशंसित माइल्ड स्टील शीट की अधिकतम मोटाई कितनी है?

ए] 12 मिमी

बी] 10 मिमी

सी] 8 मिमी

डी] 5 मिमी

37]। एक पट्टिका वेल्ड की जड़ और पैर की अंगुली के बीच की दूरी को कहा जाता है ...

ए] रूट गैप

बी] पैरकीलंबाई

सी] सुदृढीकरण

डी] गले की मोटाई

38] उस वेल्ड दोष का नाम बताइए जो हल्के स्टील शीट के किनारे और सतह की अनुचित सफाई के कारण होता है

ए] जड़ प्रवेश की कमी

बी] के माध्यम से जला

सी] अंडरकट

डी] <u>सरंध्रता</u>

39] धातुओं का निम्नलिखित में से कौन सा यांत्रिक गुण खींचने वाले बलों का प्रतिरोध करता है?

ए] कठोरता

बी] लचीलापन

सी] कठोरता

डी] <u>तन्यशक्ति</u>

40] बायीं ओर वेल्डिंग तकनीक में पाइप के नीचे से वेल्ड की रेखा तक का कोण होता है...

ए] 40 से 50◦

बी] 50 से 60◦

सी] <u>60 से 70◦</u>

डी] 70 से 80◦

41] 10 मिमी एमएस प्लेट काटने वाली गैस के लिए एसिटिलीन गैस का दबाव है...

ए] <u>0.15 किग्रा/सेमी2</u>

बी] 0.5 किग्रा/सेमी2

सी] 1.0 किग्रा/सेमी2

डी] 1.5 किग्रा/सेमी2

42] 10 मिमी मोटी माइल्ड स्टील काटने के लिए आप किस आकार के कटिंग नोजल का चयन करेंगे?

ए] 0.8 मिमी

बी] <u>1.2 मिमी</u>

सी] 1.6 मिमी

डी] 2.0 मिमी

43] दायीं ओर वेल्डिंग तकनीक के मामले में फिलर रॉड का कोण है...

ए] 10 से 20◦

बी] 20 से 30◦

सी] <u>30 से 40◦</u>

डी] 40 से 50◦

44] गैस वेल्डिंग की उच्च दबाव प्रणाली के लाभों में से एक है...

ए] यह सस्ता है

बी] <u>यहपोर्टेबलहै</u>

सी] यह कम खतरनाक है

डी] इसके लिए एक कुशल वेल्डर की आवश्यकता नहीं है

soldering

wd Soldering

टांकने की क्रिया

45] एमएस शीट की सोल्डरिंग किस तापमान पर होती है...

ए] 150◦सी

बी] 250◦सी

सी] 400◦सी

डी] 850◦सी

46] फोर्ज वेल्डिंग को वर्गीकृत किया गया है ...

ए] दबाव के बिना फ्यूजन वेल्डिंग

बी] दबावकेसाथफ्यूजनवेल्डिंग

सी] दबाव के बिना गैर-संलयन वेल्डिंग

डी] दबाव के साथ नो-फ्यूजन वेल्डिंग

47] गैस नियामक का कार्य है...

ए] विभिन्न प्रकार की लपटें प्राप्त करें

बी] गैसों को आवश्यक अनुपात में मिलाएं

C] ब्लो पाइप में बहने वाली गैस का आयतन बदलें

डी] कामकादबावसेटकरें

48] गैस द्वारा एक लैप पट्टिका जोड़ को ऊर्ध्वाधर स्थिति में वेल्ड करने के लिए वेल्ड की रेखा के नीचे पाइप का कोण क्या होना चाहिए?

ए] 30° से 40°

बी] 45° से 50°

सी] 60° से 70°

डी] 75° से 80°

49] उस दोष का नाम बताइए, जिसमें वेल्ड धातु बिना फ्यूज किए बेस मेटल की सतह पर प्रवाहित हो रही है

ए] गड्ढा

बी] ओवरलैप

सी] संलयन की कमी

डी] अत्यधिक उत्तलता

50] गैस वेल्डिंग द्वारा 3.15 मिमी एमएस> शीट पर एक टी जोड़ को वेल्डिंग करते समय दो शीटों के बीच ब्लो पाइप का कोण क्या होना चाहिए?

ए] 30°

बी] 45°

सी] 60°

डी] 80°

51] विस्फोटों से बचने के लिए एसिटिलीन गैस को पारित करने के लिए किस धातु के पाइप का उपयोग नहीं किया जाना चाहिए?

ए] जस्ती लोहा

बी] स्टेनलेस स्टील

सी] हल्के स्टील

डी] सहयोग

52] एसिटिलीन गैस में कार्बन का प्रतिशत है...

ए] 99%

बी] 92.3%

सी] 89.1%

डी] 85.3%

53] एसिटिलीन गैस में होता है

ए] कैल्शियम, कार्बन और हाइड्रोजन

बी] कैल्शियम और हाइड्रोजन

सी] कैल्शियम, कार्बन, हाइड्रोजन और ऑक्सीजन

डी] कार्बनऔरहाइड्रोजन

acytiline gas purifier wd Acytiline gas purifier

एसिटिलीनगैसशोधक

54] एक एसिटिलीन शोधक में सल्फरेटेड और फॉस्फोरेटेड हाइड्रोजन को किसके द्वारा हटा दिया जाता है...

ए] झांवा

बी] पानी

सी] फ़िल्टर ऊन

डी] शुद्धकरनेवालेरसायन

55]। एक हाइड्रोलिक बैक प्रेशर वाल्व का उपयोग...

ए] ऑक्सीजन गैस के दबाव में वृद्धि

बी] एसिटिलीन गैस के दबाव में वृद्धि

सी] बैकफायरकेखतरेकोरोकें

डी] ऑक्सीजन का दबाव कम करें

hydraulic back pressure valve wd Hydraulic back pressure valve

हाइड्रोलिक बैक प्रेशर वाल्व

56] पूर्ण गहराई संलयन और अच्छी पैठ प्राप्त करने के लिए 3WT के साथ एक MS पाइप कोहनी के जोड़ को वेल्ड करने के लिए आवश्यक नोजल का आकार है...

ए] 5

बी] Z

सी] 10

डी] 13

57] पाइप वेल्डिंग के लिए नोजल का चयन निर्भर करता है...

ए] नाली कोण

बी] वेल्डिंग की स्थिति

सी] पाइपदीवारमोटाई

डी] पाइप का व्यास

58] गैस वेल्डिंग में फ्लक्स का एक कार्य है...

ए] धातुआक्साइडभंग

बी] मानसिक के गलनांक को कम करें

सी] लौ का तापमान बढ़ाएं

डी] जड़ पैठ बढ़ाएँ

59] सिंगल वी के वी ग्रूव का कोण लेकिन कच्चा लोहा वेल्डिंग के लिए जोड़ है...

ए] 60◦

बी] 70◦

सी] 80◦

डी] 90◦

60] निम्नलिखित में से किस कारक पर गैस वेल्डिंग के लिए फ्लक्स का चुनाव निर्भर करता है?

ए] शामिलहोनेवालीसामग्रीकाप्रकार

बी] किनारे के प्रवेश का प्रकार

सी] ईंधन गैस का प्रकार

डी] इस्तेमाल की जाने वाली लौ का प्रकार

61]। कांस्य वेल्ड 10 मिमी मोटी कास्ट आयरन जॉब के लिए आवश्यक नोजल आकार क्या है?

ए] 5

बी] 7

सी] 10

डी] 13

bronze welding

wd Bronze welding
Brazing

कांस्य वेल्डिंग

62] कच्चा लोहा की कांस्य वेल्डिंग के लिए उपयुक्त भराव छड़ बताएं

ए] पीतल

बी] सिलिकॉनकांस्य

सी] मैंगनीज कांस्य

डी] सुपर सिलिकॉन कच्चा लोहा

63] कच्चा लोहा के कांस्य वेल्डिंग में, आधार धातु को एक तापमान तक गर्म किया जाता है...

ए] 300◦सी

बी] 650◦सी

सी] 1000◦सी

डी] 1300◦सी

64] तांबे की फ्यूजन वेल्डिंग के लिए प्रयुक्त फिलर रॉड का नाम बताएं

ए] मैंगनीज कांस्य रॉड

बी] तांबाचांदीमिश्रधातुकीछड़

सी] सिलिकॉन कांस्य रॉड

डी] शुद्ध तांबे की छड़

65] एक 300 मिमी लंबे तांबे के बट संयुक्त गैस वेल्डिंग के लिए आवश्यक विचलन भत्ता है...

ए] 1 से 2 मिमी

बी] 2 से 3 मिमी

सी] 3 से 4 मिमी

डी] 4 से 5 मिमी

66] 4 मिमी मोटे तांबे के बट के जोड़ को गैस वेल्डिंग के लिए की जाने वाली बढ़त का प्रकार है...

ए] सिंगल बेवेल

बी] सिंगलवी

सी] डबल वी

डी] वर्ग

67] 3.15 मिमी मोटे तांबे के बट के जोड़ की कांस्य वेल्डिंग के लिए इस्तेमाल किया जाने वाला नोजल आकार है...

ए] 5

बी] 7

सी] 10

डी] 13

68] 3 मिमी मोटी पीतल की शीट पर बट जोड़ को वेल्डिंग करने के लिए आवश्यक फिलर रॉड का आकार बताएं

ए] 1.6 मिमी

बी] 2 मिमी

सी] 2.5 मिमी

डी] 3 मिमी

69] उस वेल्ड दोष का नाम बताइए जो 3 मिमी मोटी पीतल की शीट की वेल्डिंग के लिए No] 3 नोजल का उपयोग करने पर होगा

ए] अंडरकट

बी] के माध्यम से जला

सी] सरंध्रता

डी] पैठकीकमी

<u>wd Aluminium butt joints</u>

<u>aluminium butt joint</u>

<u>एल्यूमीनियमबटसंयुक्त</u>

70] गैस वेल्ड के लिए प्रयुक्त नोजल का आकार 3.15 मिमी मोटा एल्यूमीनियम बट जोड़ है...

ए] 13

बी] 10

सी] 7

डी] <u>5</u>

71] 2 मिमी मोटी स्टेनलेस स्टील शीट को बट जोड़ के रूप में वेल्डिंग के लिए इस्तेमाल किया जाने वाला नोजल आकार है...

ए] 2

बी] 3

सी] 5

डी] 7

72] एल्युमिनियम की गैस वेल्डिंग के लिए प्रीहीटिंग तापमान का मान क्या है?

ए] 100 से 120◦C

बी] <u>150 से 180◦C</u>

सी] 180 से 200◦C

डी] 210 से 250◦C

73] सोल्डरिंग ऑपरेशन में बेस मेटल है...

ए] <u>गरमनहीं</u>

बी] 200◦C . तक गरम किया गया

सी] 650◦C . तक गरम किया गया

डी] लाल गर्म स्थिति में गरम किया जाता है

74] असमान धातुओं की वेल्डिंग के लिए, दोनों धातुओं के निम्नलिखित गुणों में व्यापक भिन्नता नहीं होनी चाहिए

ए] लचीलापन

बी] तन्य शक्ति

सी] <u>थर्मलविस्तार</u>

डी] प्रतिरोध पहनें

75] एमएस] शीट्स के ब्रेजिंग के लिए प्रयुक्त फ्लक्स का नाम बताएं

ए] हाइड्रोक्लोरिक एसिड

बी] जिंक क्लोराइड

सी] लंबा राल

डी] <u>बोरेक्स</u>

76] प्रोग्रेसिव गॉगिंग में 30◦ के शुरुआती कोण से गॉगिंग टार्च कोण को किस कोण से घटाया जाता है?

ए] 20 से 25◦

बी] 15 से 20◦

सी] 10 से 15◦

डी] <u>5 से 10◦</u>

77] थर्मिट वेल्डिंग में प्रयुक्त थर्मिट मिश्रण को प्रारंभिक तापमान के साथ प्रज्वलित किया जा सकता है।

ए] 1500◦सी

बी] <u>1200◦सी</u>

सी] 1000◦सी

डी] 500◦सी

78] परिरक्षित धातु चाप वेल्डिंग की प्रक्रिया के तहत वर्गीकृत किया गया है...

ए] विद्युत प्रतिरोध वेल्डिंग

बी] विशेष वेल्डिंग

सी] <u>इलेक्ट्रिकआर्कवेल्डिंग</u>

डी] इलेक्ट्रो गैस वेल्डिंग

79] इलेक्ट्रोड धारक का आकार कैसे निर्दिष्ट करें?

ए] इसके वजन से

बी] इसके आकार से

सी] <u>इसकीवर्तमानवहनक्षमताद्वारा</u>

D] इसे बनाने के लिए प्रयुक्त धातु द्वारा

80] एक 3.15 मिमी मध्यम लेपित हल्के स्टील इलेक्ट्रोड के लिए वर्तमान सेट है...

ए] 50 से 80 एम्पीयर

बी <u>] 90 से 120 एम्पीयर</u>

सी] 120 से 150 amp

डी] 150 से 170 एम्पीयर

81] वेल्ड की जाने वाली धातुओं की सतह से तेल, ग्रीस और पेंट हटाने के लिए आप किस सफाई की विधि का उपयोग करेंगे?

ए] फाइलिंग

बी] वायर ब्रशिंग

सी] ठंडे पानी से धोना

डी] पतलाहाइड्रोक्लोरिकएसिडकेसॉल्वैंट्सकाउपयोगकरना

82] इलेक्ट्रोड कोडिंग ER4211 में, संख्या 4211 का तीसरा अंक इंगित करता है...।

ए] वेल्डिंग चालू और वोल्टेज की स्थिति

बी] बढ़ाव और प्रभाव गुण

सी] संयुक्त की तन्यता ताकत

डी] वेल्डिंगकीस्थिति

83] एक लंबे चाप का प्रयोग किया जाता है...

ए] कम हाइड्रोजन इलेक्ट्रोड के साथ वेल्डिंग

बी] क्षैतिज स्थिति

सी] प्लगयास्लॉटवेल्डिंग

डी] कच्चा लोहा वेल्डिंग

84] यदि इलेक्ट्रोड की यात्रा की गति अधिक है, तो टी पट्टिका जोड़ पर आपको किस प्रकार का वेल्ड दोष मिलेगा?

ए] ओवरलैप

बी] लावा शामिल करना

सी] अत्यधिक सुदृढीकरण

डी] जड़प्रवेशकीकमी

85] कवरिंग/फाइनल रन में इलेक्ट्रोड की अनुचित बुनाई के कारण लैप पट्टिका जोड़ पर कौन सा वेल्ड दोष होता है?

एक दरार

बी] अंडरकट

सी] संलयन की कमी

D] प्लेटकाकिनारापिघलगया

86] एक लैप पट्टिका वेल्ड में असमान मनका ऊंचाई है] इस दोष का कारण क्या है?

ए] उच्च धारा का उपयोग

बी] कमवेल्डिंगयात्रागति

सी] इलेक्ट्रोड बुनाई के लिए कलाई आंदोलन का उपयोग

डी] उच्च वेल्डिंग यात्रा गति

87] मध्यम लेपित इलेक्ट्रोड बनाने के लिए प्रयुक्त कोटिंग कारक है...

ए] 1.25 से 3

बी] 1.4 से 1.5

सी] 1.6 से 2.2

डी] 2.2 . से ऊपर

coated electrodes Welding Electrode & Holder

लेपित इलेक्ट्रोड

88] सामान्य प्रयोजन वेल्डिंग और आईटीआई में प्रशिक्षण उद्देश्यों के लिए किस प्रकार के लेपित इलेक्ट्रोड का उपयोग किया जाता है?

ए] मूल लेपित

बी] लौह चूर्ण

सी] सेल्युलोसिक

डी] रूटाइल

89] की-होल बनाए रखना और एकल वी बट जोड़ में उचित रूट गैप का उपयोग सुनिश्चित करेगा...

ए] चाप झटका प्रभाव को कम करना

बी] तेज धातु जमाव

सी] उचितजड़प्रवेश

डी] उचित सुदृढीकरण

90] इलेक्ट्रोड को जोड़ की निचली सतह के साथ क्षैतिज स्थिति में किस कोण पर रखना है?

ए] 60◦ से 70◦

बी] 70◦ से 80◦

सी] 80◦ से 90◦

डी] 90◦ से 100◦

91] नमी प्रभावित (गीले) इलेक्ट्रोड को किस तापमान तक एक घंटे तक गर्म करना है?

ए] 50 से 100◦C

बी] <u>110 से 150◦C</u>

सी.160 से 200◦सी

डी] 200 से 250◦C

92] एक टी पट्टिका जोड़ को वेल्डिंग करते समय प्लेट को प्रस्तुत करने का उद्देश्य है...

ए] अच्छी जड़ प्रवेश प्राप्त करें

बी] गड्ढा दोष से बचें

सी] <u>विकृतिकोनियंत्रितकरें</u>

डी] नियंत्रण चाप झटका

93] बट वेल्डेड जोड़ में पैठ की कमी के कारण...

ए] बहुत कम वेल्डिंग गति

बी] छोटी चाप लंबाई

सी] उच्च धारा

डी] <u>कमवर्तमान</u>

94]। किस प्रकार की विकृति को वेल्ड करने के लिए प्लेटों को प्रस्तुत करके नियंत्रित किया जा सकता है?

ए] <u>कोणीयविकृति</u>

बी] अनुप्रस्थ विकृति

सी] अनुदैर्ध्य विकृति

डी] लॉक-अप तनाव के कारण विकृति

95] माइल्ड स्टील में कितने प्रतिशत कार्बन मौजूद होता है?

ए] 0.05 से 0.1%

बी] <u>0.15 से 0.3%</u>

सी] 0.5 से 0.8%

डी] 0.8 से 1.4%

96] यदि एक उच्च कार्बन स्टील प्लेट को उसके उच्च क्रांतिक तापमान से ऊपर गर्म किया जाता है और फिर अचानक ठंडा किया जाता है, तो यह बन जाएगा...

ए] annealed

बी] टेम्पर्ड

सी] <u>कठोर</u>

डी] सामान्यीकृत

97] वेल्डेड जॉब में मौजूद अवशिष्ट तनाव होगा

ए] वेल्ड की कठोरता में वृद्धि

बी] वेल्ड की लचीलापन कम करें

सी] <u>लोडलागूहोनेपरजोड़कोतोड़दें</u>

डी] एक वेल्डेड संयुक्त के जीवन में वृद्धि

98] निम्नलिखित में से किस धातु में उच्चतम तापीय चालकता है?

ए] जिंक

बी] <u>तांबा</u>

सी] हल्के स्टील

डी] एल्यूमीनियम

99] निम्नलिखित में से किस धातु का गलनांक उच्चतम होता है?

ए] तांबा

बी] <u>टंगस्टन</u>

सी] एल्यूमीनियम

डी] हल्के स्टील

100] नीचे दी गई वेल्डिंग मशीनों में से कौन सी एसी और डीसी वेल्डिंग दोनों के लिए इस्तेमाल की जा सकती है?

ए] इंजन संचालित वेल्डिंग जनरेटर

बी] मोटर चालित वेल्डिंग जनरेटर

सी] वेल्डिंग ट्रांसफार्मर

डी] <u>वेल्डिंगदिष्टकारी</u>

dc welding generator Welding Transformer

डीसी वेल्डिंग जनरेटर

101] डीसी वेल्डिंग जनरेटर में उस भाग का नाम है जो एसी आपूर्ति वोल्टेज को डीसी वेल्डिंग आउटपुट वोल्टेज में परिवर्तित करता है...

ए] आर्मेचर

बी] <u>कम्यूटेटर</u>

सी] फील्ड कॉइल्स

डी] कार्बन ब्रश

102] निम्न में से कौन सा आधार धातु के साथ मनके के खराब संलयन का कारण है?

ए] इलेक्ट्रोड यात्रा बहुत धीमी है

बी] वर्तमान बहुत अधिक

सी] वर्तमानबहुतकम

डी] चाप बहुत छोटा

103] यदि बेस मेटल में फास्फोरस का प्रतिशत अधिक हो तो निम्न में से कौन सा दोष उत्पन्न होगा?

ए] स्लैग समावेशन

बी] सतहदरार

सी] संलयन की कमी

डी] अंडरकट

104] सस्ती कीमत पर एक हल्के स्टील के वेल्डेड जोड़ पर सतह की दरार की जांच के लिए आप किस परीक्षण की विधि का उपयोग करेंगे?

ए] एक्स-रे परीक्षण

बी] अल्ट्रासोनिक परीक्षण

सी] दृश्यनिरीक्षण

डी] चुंबकीय कण परीक्षण

nick break test wd Welder nick break test

निक ब्रेक टेस्ट

105] टी पट्टिका जोड़ पर निक ब्रेक परीक्षण द्वारा निम्नलिखित में से किस दोष का परीक्षण किया जा सकता है?

ए] क्रेटर दरारें

बी] सतह दरारें

सी] जड़प्रवेशकीकमी

डी] अपर्याप्त गले की मोटाई

106] निम्नलिखित में से किस धातु की प्लेट को प्रोजेक्शन वेल्डिंग प्रक्रिया द्वारा नहीं जोड़ा जा सकता है?

ए] टिन प्लेट्स

बी] <u>तांबेकीप्लेटें</u>

सी] हल्के स्टील प्लेट्स

डी] स्टेनलेस स्टील प्लेट्स

pipe welding wd Pipe welding

पाइप वेल्डिंग

107] पाइप वेल्डिंग की किस स्थिति में, पाइप को क्षैतिज और ऊर्ध्वाधर दोनों तलों पर 45◦ पर स्थिर और झुका हुआ है?

ए] 1जी

बी] 2जी

सी] 5जी

डी] <u>6जी</u>

108] 2.5 मिमीØ रूटाइल लेपित एमएस इलेक्ट्रोड के साथ एक पाइप बट जोड़ को वेल्डिंग के लिए सेट किया जाने वाला करंट है...

ए] 50ए से 70ए

बी] <u>70 एसे 80 ए</u>

सी] 80 ए से 90 ए

डी] 90ए से 100ए

109] पाइप की वेल्डिंग की डाउनहिल विधि वेल्डिंग करते समय की जाती है

ए] <u>रोलिंगद्वाराएकपतलीदीवारवालीपाइप</u>

बी] निश्चित स्थिति में एक पतली दीवार वाली पाइप

सी] रोलिंग द्वारा मोटी दीवार वाली पाइप

डी] निश्चित स्थिति में एक मोटी दीवार वाली पाइप

110] किस पाइप वेल्डिंग की स्थिति में सभी स्थितिगत वेल्डिंग की आवश्यकता होती है?

ए] 1 जी (रोलिंग)

बी] 2जी

सी] 5जी

डी] 1 जी (सेगमेंटल)

111] कच्चा लोहा का कौन सा गुण कच्चा लोहा वेल्ड करना मुश्किल बनाता है?

ए] उच्च संपीड़न शक्ति

बी] कठोरताऔरभंगुरता

सी] कम गलनांक

डी] कम तरलता

112] हल्के स्टील प्लेट के साथ कच्चा लोहा वेल्डिंग के लिए चयनित इलेक्ट्रोड का प्रकार है...

ए] एमएस] इलेक्ट्रोड

बी] कांस्यइलेक्ट्रोड

सी] कम हाइड्रोजन इलेक्ट्रोड

डी] स्टेनलेस स्टील इलेक्ट्रोड

113] अचार बनाते समय तांबे की चादरों को साफ करने के लिए इस्तेमाल होने वाले घोल का नाम बताइए

ए] पतला नाइट्रिक एसिड

बी] पतलासल्फ्यूरिकएसिड

सी] पतला हाइड्रोक्लोरिक एसिड

डी] पतला कार्बन टेट्रा क्लोराइड

114] तांबे के फ्यूजन वेल्डिंग के लिए किस प्रकार के इलेक्ट्रोड का उपयोग किया जाता है?

ए] इलेक्ट्रोलाइट कॉपर

बी] कॉपर सिलिकॉन इलेक्ट्रोड

सी] फॉस्फोर कांस्य इलेक्ट्रोड

डी] डीऑक्सीडाइज्डकॉपरइलेक्ट्रोड

115] अनुचित सफाई के कारण कम ताप इनपुट इलेक्ट्रोड द्वारा किए गए वेल्ड पर होने वाला सामान्य दोष है...

ए] अंडरकट

बी] सरंध्रता

सी] ओवरलैप

डी] दरार

welding joints

wd Aluminium butt joints

वेल्डिंग जोड़

116] कोलंबियम आधारित स्टेनलेस स्टील इलेक्ट्रोड का उपयोग स्टेनलेस स्टील के जोड़ों को वेल्डिंग करने के लिए किया जाता है] इससे...

ए] जोड़ में दरार

बी] <u>वेल्डक्षय</u>

सी] विकृति

डी] स्पैटर

117] स्टेनलेस स्टील वेल्ड में सरंध्रता के उपयोग के कारण है...

ए] लघु चाप

बी] कम वर्तमान

सी] <u>नमइलेक्ट्रोड</u>

डी] अस्थिर इलेक्ट्रोड

118] ऑक्सी-आर्क काटने की प्रक्रिया में निम्नलिखित में से किसका उपयोग किया जाता है?

ए] फ्लक्स लेपित ठोस इलेक्ट्रोड

बी] नंगे तार ट्यूबलर इलेक्ट्रोड

सी] <u>फ्लक्सलेपितट्यूबलरइलेक्ट्रोड</u>

डी] नंगे टंगस्टन चाप काटने इलेक्ट्रोड

119] कार्बन आर्क काटने के उपकरण में इलेक्ट्रोड धारक किसका बना होता है...

ए] सादा कार्बन स्टील

बी] जस्ती लोहा

सी] <u>एल्यूमीनियम</u>

डी] तांबा

121] गटर बनाने के लिए, रूफ फ्लैशिंग, हुड आदि के लिए]

ए] जस्ती लोहा

बी] स्टेनलेस स्टील

सी] <u>कॉपर शीट</u>

डी] धातु की चादरें

122] डेयरियों में] खाद्य प्रसंस्करण, रसोई के बर्तन आदि]

ए] जस्ती लोहा

बी] <u>स्टेनलेस स्टील</u>

सी] कॉपर शीट

डी] धातु की चादरें

123] बाल्टी, हीटिंग नलिकाएं, अलमारियाँ आदि बनाने के लिए]

ए] <u>जस्ती लोहा</u>

बी] स्टेनलेस स्टील

सी] कॉपर शीट

डी] धातु की चादरें

124] कैनरी और रासायनिक संयंत्रों में धातु की चादरें

ए] जस्ती लोहा

बी] <u>स्टेनलेस स्टील</u>

सी] कॉपर शीट

डी] धातु की चादरें

12 5] अमोनियम क्लोराइड का उपयोग टांका लगाने के लिए फ्लक्स के रूप में किया जाता है...

ए] स्टील

बी] एल्यूमीनियम

सी] जस्ती लोहा

डी] स्टेनलेस स्टील

12 6] एमएस शीट की सोल्डरिंग किस तापमान पर होती है...

ए] 150◦सी

बी] 250◦सी

सी] 400◦सी

डी] 850◦सी

12 7] सोल्डरिंग ऑपरेशन में बेस मेटल है...

ए] गरमनहीं

बी] 200◦C . तक गरम किया गया

सी] 650◦C . तक गरम किया गया

डी] लाल गर्म स्थिति में गरम किया जाता है

128] चादरों को मोटी प्लेटों में मिलाने के लिए रिवेट्स]

ए] काउंटरसंक हेड

बी] फ्लैट सिर

सी] पैन हेड

डी] मशरूम

129] शीट मेटल में शामिल होने के लिए रिवेट्स]

ए] काउंटरसंक हेड

बी] फ्लैट सिर

सी] पैन हेड

डी] मशरूम

130] भारी निर्माण कार्य के लिए रिवेट्स]

ए] काउंटरसंक हेड

बी] फ्लैट सिर

सी] पैन हेड

डी] मशरूम

131] के लिए रिवेट्स मेटा\ सतह के ऊपर कीलक सिर की ऊंचाई को कम करता है

ए] काउंटरसंक हेड

बी] फ्लैट सिर

सी] पैन हेड

डी] <u>मशरूम</u>

132] आमतौर पर संरचनात्मक कार्य के लिए उपयोग किए जाने वाले रिवेट्स]

ए] काउंटरसंक हेड

बी] फ्लैट सिर

सी] पैन हेड

डी] <u>स्नैप हेड</u>

13 5] अमोनियम क्लोराइड का उपयोग टांका लगाने के लिए फ्लक्स के रूप में किया जाता है...

ए] <u>स्टील</u>

बी] एल्यूमीनियम

सी] जस्ती लोहा

डी] स्टेनलेस स्टील

13 6] एमएस शीट की सोल्डरिंग किस तापमान पर होती है...

ए] 150◦सी

बी] <u>250◦सी</u>

सी] 400◦सी

डी] 850◦सी

13 7] सोल्डरिंग ऑपरेशन में बेस मेटल है...

ए] <u>गरमनहीं</u>

बी] 200◦C . तक गरम किया गया

सी] 650◦C . तक गरम किया गया

डी] लाल गर्म स्थिति में गरम किया जाता है

138] सॉफ्ट सोल्डरिंग की जाती है

ए] <u>450◦ सी . सेनीचे</u>

बी] 450◦C . से ऊपर

सी] 900◦C . पर

डी] 1000◦C . से ऊपर

139] टांकना किया जाता है

ए] 1900◦C . पर

बी] <u>450◦C . सेऊपर</u>

सी] 1000◦C . पर

डी] 450◦C . से नीचे

140] एक ब्रेज़्ड जोड़ है

ए] एक टांका लगाने वाले जोड़ से कमजोर

बी] एक सोल्डर से अधिक मजबूत शामिल हों

सी] एक वेल्डेड संयुक्त से मजबूत

डी] चांदीकेटांकालगानेवालेजोड़सेकमजोर

Q 2] __________ का उपयोग वेल्डर की आंखों और चेहरे को चाप से बचाने के लिए किया जाता है

चाप वेल्डिंग के दौरान विकिरण और चिंगारी]

ए] एप्रन

बी] वेल्डिंगहाथस्क्रीन

सी] चिपिंग गॉगल

डी] सुरक्षा जूता

Q 3] निम्नलिखित में से कौन सी गैस स्वयं जलती नहीं है बल्कि इसमें सहायक होती है

दहन?

ए] ऑक्सीजन

बी] नाइट्रोजन

सी] आर्गन

डी] इनमें से कोई नहीं

Q 4] इलेक्ट्रिक आर्क वेल्डिंग में ऊष्मा का स्रोत ________ है

ए] घर्षण

बी] थर्मिट

सी] गैस लौ

डी] बिजली

Q 5] गैस वेल्डिंग में ऊष्मा का स्रोत ________ है

ए] वोल्टेज

बी] थर्मिट

सी] गैसलौ

डी] बिजली

Q 6] आर्क वेल्डिंग में निम्नलिखित में से किस उपकरण का उपयोग किया जाता है?

ए] इलेक्ट्रोडधारक

बी] ऑक्सीजन गैस सिलेंडर

सी] वेल्डिंग ब्लोपाइप

डी] इनमें से कोई नहीं

Q 7] निम्नलिखित में से कौन सा उपकरण गैस वेल्डिंग में प्रयोग किया जाता है?

ए] गैस नियामक

बी] ऑक्सीजन गैस सिलेंडर

सी] वेल्डिंग ब्लोपाइप

डी] <u>येसभी</u>

Q 8] निम्नलिखित में से कौन-सी धातु के जुड़ने की प्रक्रिया है?

ए] वेल्डिंग

बी] ब्रेजिंग

सी] रिवेटिंग

डी] <u>येसभी</u>

Q 9] निम्नलिखित में से कौन सी विधि स्थायी जोड़ बनाती है?

ए] <u>वेल्डिंग</u>

बी] रिवेटिंग

सी] बोलिंग

डी] इनमें से कोई नहीं

Q 10] दिए गए उपकरण को पहचानें]

ए] टिप क्लीनर

बी] वेल्डिंग स्क्रीन

सी] <u>इलेक्ट्रोडधारक</u>

डी] इनमें से कोई नहीं

Q 11] उदासीन ज्वाला के बारे में निम्नलिखित में से कौन सा कथन सत्य है?\

A] इस ज्वाला में पूर्ण दहन होता है]

बी] हल्के स्टील की वेल्डिंग के लिए तटस्थ लौ का उपयोग किया जाता है]

C] न्यूट्रल फ्लेम में दो जोन होते हैं]

डी] <u>येसभी</u>

Q 12] कैल्शियम कार्बाइड के पानी से अभिक्रिया करने पर कौन सी गैस उत्पन्न होती है?

ए] <u>एसिटिलीन</u>

बी] ऑक्सीजन

सी] नाइट्रोजन

डी] आर्गोन

Q 13] माइल्ड स्टील की वेल्डिंग के लिए किस प्रकार की ऑक्सी-एसिटिलीन फ्लेम का उपयोग किया जाता है?

ए] <u>तटस्थलौ</u>

बी] ऑक्सीकरण लौ

सी] कार्बराइजिंग लौ
डी] अम्लीय लौ
Q 14] निम्न में से कौन ऑक्सी-एसिटिलीन ज्वाला का एक प्रकार नहीं है
ए] तटस्थ लौ
बी] ऑक्सीकरण लौ
सी] कार्बराइजिंग लौ
डी] अम्लीयलौ
Q 15] एसिटिलीन गैस का रासायनिक सूत्र क्या है?
ए] सीएच
बी] सीएच2
सी] C2H2
डी] इनमें से कोई नहीं
प्रश्न 16] चित्र में दिखाए गए ऑक्सी-एसिटिलीन गैस की लौ के प्रकार की पहचान करें]
ए] तटस्थ लौ
बी] ऑक्सीकरण लौ
सी] कार्बराइजिंगलौ
डी] इनमें से कोई नहीं
Q 17] वातावरण में ऑक्सीजन लगभग ______% है]
ए] 78
बी] 0]03
सी] 21
डी] 7
Q 18] ऑक्सीजन गैस का रासायनिक प्रतीक क्या है?
एसी
बी] सीएच
सी] N2
डी] O2
Q 19] ऑक्सीजन गैस सिलेंडर का रंग ______ होता है।
एक हरा रंग
बी] काला
सी] लाल
डी] नीला
Q 20] गैस नियामक का कार्य ______ है।
ए] विभिन्न प्रकार की लपटें प्राप्त करना

B] गैसों के मिश्रण को अपेक्षित अनुपात में मिलाना

सी] नली पाइप साफ करने के लिए

डी] <u>कामकेदबावकीस्थापना</u>

Q 21] गैस वेल्डिंग ब्लोपाइप का नोजल किस धातु से बना होता है?

ए] माइल्ड स्टील

बी] <u>कॉपर</u>

सी] कच्चा लोहा

डी] टिन

प्रश्न 22] चित्र में दिखाए गए उपकरणों की पहचान करें]

ए] गैस नियामक

बी] <u>वेल्डिंगब्लोपाइप</u>

सी] टिप क्लीनर

डी] स्पार्क लाइटर

Q 23] ब्रेजिंग में फ्लक्स के रूप में निम्नलिखित में से किसका उपयोग किया जाता है?

ए] बोरेक्स

बी] बोरिक एसिड

सी] <u>बोरेक्सऔरबोरिकएसिडदोनों</u>

डी] इनमें से कोई नहीं

Q 24] निम्न में से कौन सी लौ लौ से पहले गर्म करने के लिए उपयुक्त है
काट रहा है?

ए] ऑक्सीकरण लौ

बी] <u>तटस्थलौ</u>

सी] कार्बराइजिंग लौ

डी] इनमें से कोई नहीं

Q 25] अगर गैस कटिंग में बहुत कम ऑक्सीजन की आपूर्ति की जाए तो क्या होगा?

ए] धातु ठंडा हो जाएगा

बी] केर्फ संकरा होगा

सी] केर्फ चौड़ा होगा

D] <u>धातुपूरीतरहसेनहींकटेगी</u>

Q 26] निम्नलिखित में से कौन-सा मैनिफोल्ड सिस्टम का एक प्रकार है?

ए] पोर्टेबल

बी] स्टेशनरी

सी] <u>पोर्टेबलऔरस्थिरदोनों</u>

डी] इनमें से कोई नहीं

क्यू 27] चित्र में दिखाए गए वेल्डिंग दोष की पहचान करें]

ए] ओवरलैप

बी] <u>अंडरकट</u>

सी] क्रैक \

डी] संलयन की कमी

Q 28] उस गैस वेल्डिंग दोष का नाम बताइए जिसमें कितने पिनहोल बने?

जमा धातु की सतह पर]

एक दरार

बी] <u>सरंध्रता</u>

सी] संलयन की कमी

डी] विधि जांचें और भूल जाएं

Q 29] ऑक्सी-एसिटिलीन गैस में निम्नलिखित में से किस उपकरण का उपयोग किया जाता है

काट रहा है?

ए] स्पार्क लाइटर

बी] टिप क्लीनर

सी] मशाल काटना

डी] <u>येसभी</u>

Q 30] निम्नलिखित में से किस धातु को ऑक्सी एसिटिलीन गैस द्वारा काटा जा सकता है

काटने की प्रक्रिया?

ए] <u>माइल्डस्टील</u>

बी] एल्यूमिनियम

सी] कॉपर

डी] ये सभी

Q 31] _______________ पदार्थ का वह गुण है जो के प्रवाह का विरोध करता है

इससे गुजरने वाली विद्युत धारा]\ _________

ए] विद्युत प्रवाह

बी] <u>विद्युतप्रतिरोध</u>

सी] चालकता

डी] वोल्टेज

क्यू 32] यदि वी = वोल्टेज, आई = वर्तमान और आर विद्युत का प्रतिरोध है

सर्किट तो ओम के अनुसार निम्नलिखित में से कौन सा संबंध सही है

कानून?

ए] मैं = वीआर

बी] आर = VI

सी] वी = आईआर

डी] इनमें से कोई नहीं

Q 33] निम्नलिखित में से कौन विद्युत का सुचालक है?

एक लकड़ी

बी] ग्लास

सी] कॉपर

डी] ये सभी

Q 34] इलेक्ट्रिक आर्क वेल्डिंग को ________ भी कहा जाता है।

ए] मैग

बी] मिग

सी] एमएमएडब्ल्यू

डी] टीआईजी

Q 35] निम्नलिखित में से किसका उपयोग चाप में शक्ति स्रोत के रूप में किया जा सकता है

वेल्डिंग?

ए] एसी वेल्डिंग ट्रांसफार्मर

बी] डीसी मोटर जनरेटर

सी] रेक्टिफायर सेट

डी] येसभी

Q 36] आर्क वेल्डिंग में किस प्रकार के ट्रांसफार्मर का उपयोग किया जाता है?

ए] स्टेप-अप

बी] तटस्थ

सी] स्टेप-डाउन

डी] इनमें से कोई नहीं

Q 37] निम्नलिखित में से कौन DC वेल्डिंग जनरेटर का एक भाग है?

ए] आर्मेचर

बी] कम्यूटेटर

सी] योक

डी] येसभी

Q 38] निम्नलिखित में से कौन डीसी वेल्डिंग का नुकसान है?

ए] उच्च प्रारंभिक लागत

बी] उच्च परिचालन लागत

सी] उच्च रखरखाव लागत

डी] <u>येसभी</u>

Q 40] एक पूर्ण वेल्डिंग प्रतीक में निम्नलिखित में से कौन सा तत्व होता है?

ए] वेल्डिंग प्राथमिक प्रतीक

बी] पूरक प्रतीक

सी] संदर्भ पंक्ति

डी] <u>येसभी</u>

Q 41] प्लग एंड स्लॉट वेल्डिंग में किस प्रकार की चाप लंबाई का उपयोग किया जाता है?

ए] सामान्य चाप लंबाई

बी] <u>लंबीचापलंबाई</u>

सी] लघु चाप लंबाई

डी] शून्य चाप लंबाई

Q 42] _______ चाप का उपयोग स्थितीय वेल्डिंग के लिए किया जाता है]

ए] सामान्य

बी] लोंग

सी] <u>लघु</u>

डी] शून्य

Q 43] निम्नलिखित में से कौन सी वेल्डिंग स्थिति वेल्डिंग के लिए सबसे आसान है?

ए] ओवरहेड

बी] लंबवत

सी] <u>फ्लैट</u>

डी] <u>क्षैतिज</u>

Q 44] सीधी ध्रुवता में इलेक्ट्रोड _________ से जुड़ा होता है
विद्युत शक्ति स्रोत का टर्मिनल]

ए] तटस्थ

बी] सकारात्मक

सी] <u>तटस्थऔरसकारात्मकदोनों</u>

डी] नकारात्मक

Q 45] निम्नलिखित में से कौन एक विद्युत वेल्डिंग प्रक्रिया नहीं है?

ए] इलेक्ट्रिक आर्क वेल्डिंग

बी] <u>गैसधातुचापवेल्डिंग</u>

सी] ऑक्सी-एसिटिलीन गैस वेल्डिंग

डी] इनमें से कोई नहीं

Q 46] पीतल तांबे का मिश्र धातु है और ________

ए] एल्यूमीनियम

बी] <u>जिंक</u>

सी] टिन

डी] स्टील

क्यू 47] चित्र में दिखाए गए वेल्डिंग दोष की पहचान करें]

ए] ओवरलैप

बी] अंडरकट

सी] <u>क्रैक</u>

डी] संलयन की कमी

Q 48] निम्नलिखित में से कौन एक बाहरी चाप वेल्डिंग दोष है?

ए] अंडरकट

बी] ओवरलैप

सी] स्पैटर

डी] <u>येसभी</u>

Q 49] निम्नलिखित में से कौन गैस मेटल आर्क वेल्डिंग का दूसरा नाम है?

ए] <u>एमआईजीवेल्डिंग</u>

बी] प्लाज्मा वेल्डिंग

सी] टीआईजी वेल्डिंग

डी] इनमें से कोई नहीं

Q 50] निम्नलिखित में से कौन एक गैस धातु चाप के लिए एक बुनियादी उपकरण है वेल्डिंग सेटअप?

ए] वेल्डिंग पावर स्रोत

बी] वायर फीडर

सी] वेल्डिंग गन

डी] <u>येसभी</u>

Q 51] निम्नलिखित में से कौन गैस मेटल आर्क वेल्डिंग का एक फायदा है?

ए] मोटी और पतली सामग्री को वेल्डेड किया जा सकता है

बी] सभी पदों पर वेल्डिंग की जा सकती है

सी] जमा दर अधिक है

डी] <u>येसभी</u>

क्यू 52] चित्र में दिखाए गए वेल्डिंग दोष की पहचान करें]

ए] ओवरलैप

बी] अंडरकट

सी] <u>सरंध्रता</u>

डी] संलयन की कमी

Q 53] FCAW का क्या अर्थ है?

ए] <u>फ्लक्सकोर्डआर्कवेल्डिंग</u>

बी] पूर्ण कोर्ड आर्क वेल्डिंग

सी] फ्लक्स कोर्ड स्वचालित वेल्डिंग

डी] इनमें से कोई नहीं

Q 54] निम्न में से कौन सी अक्रिय गैस MIG वेल्डिंग में प्रयोग की जाती है?

ए] <u>आर्गोन</u>

बी] क्सीनन

सी] ऑक्सीजन

डी] नाइट्रोजन

Q 55] गैस मेटल आर्क वेल्डिंग सेट का कौन सा भाग तार की गति को नियंत्रित करता है

इलेक्ट्रोड और वेल्डिंग करंट और गैस प्रवाह के लिए मार्ग प्रदान करते हैं?

ए] वेल्डिंग पावर स्रोत

बी] <u>वायरफीडर</u>

सी] वेल्डिंग गन

डी] परिरक्षण गैस सिलेंडर

Q 56] GMAW में प्रयुक्त इलेक्ट्रोड _______ रूप में है]

एक छड़

बी] वसंत

सी] <u>कुंडल</u>

डी] तार

Q 57] निम्नलिखित में से कौन GMAW में एक दोष है?

ए] अंडरकट

बी] स्पैटर

सी] क्रैक

डी] ये सभी

Q 58] GTAW को ________ वेल्डिंग के रूप में भी जाना जाता है]

ए] टीआईजी

बी] मिग

सी] मैग

डी] <u>एमएमएडब्ल्यू</u>

Q 59] TIG . में उपलब्ध उच्च आवृत्ति इकाई का उद्देश्य क्या है?
वेल्डिंग मशीन?
ए] चापशुरूकरना
बी] आर्क वोल्टाग बढ़ाना
सी] वेल्डिंग चालू को कम करना
डी] इनमें से कोई नहीं
क्यू 60] चित्र में दिखाई गई वेल्डिंग प्रक्रिया का नाम दें]
ए] टीआईजी
बी] मिग
सी] मैग
डी] एमएमएडब्ल्यू
Q 61] TIG वेल्डिंग की सीधी ध्रुवता में, _________% उष्मा में जाती है
इलेक्ट्रोड अंत]
ए] 30
बी] 50
सी] 70
डी] 100
Q 62] TIG वेल्डिंग में इलेक्ट्रोड _________ से बना होता है]
ए] कॉपर
बी] स्टील
सी] टंगस्टन
डी] जिंक
Q 63] उस वेल्डिंग प्रक्रिया का नाम बताइए जो गैर-उपभोज्य के बीच विद्युत चाप को बनाए रखती है
टंगस्टन इलेक्ट्रोड और बेस मेटल?
ए] टीआईजी
बी] मिग
सी] मैग
डी] एमएमएडब्ल्यू
Q 64] निम्नलिखित में से कौन गैस टंगस्टन आर्क वेल्डिंग टार्च का एक भाग है?
ए] कोलेट
बी] नोजल
सी] कोलिट धारक
डी] येसभी

क्यू 65] टंगस्टन इलेक्ट्रोड के लिए एक मानक रंग संकेत है] शुद्ध टंगस्टन __________ रंग के साथ चिह्नित है]

ए] हरा

बी] काला

सी] लाल

डी] नीला

क्यू 66] आर्गन गैस सिलेंडर का रंग ______ है]

एक हरा रंग

बी] काला

सी] लाल

डी] मोरनीला

क्यू 67] चित्र में दिखाए गए वेल्डिंग जोड़ को पहचानें]

ए] टीजॉइंट

बी] कॉर्नर संयुक्त

सी] बट संयुक्त

डी] गोद संयुक्त

Q 68] स्पंदित टीआईजी वेल्डिंग का निम्नलिखित में से कौन सा लाभ है?

ए] कम विकृति

बी] कम गर्मी के साथ बेहतर पैठ

सी] दोनोंकमविरूपणऔरकमगर्मीकेसाथबेहतरपैठ

डी] इनमें से कोई नहीं

Q 69] उस दोष का नाम क्या है जिसमें वेल्ड धातु पिघलती नहीं है टीआईजी वेल्डिंग प्रक्रिया में बेस मेटल के साथ?

ए] सरंध्रता

बी] संलयनकीकमी

सी] अंडरकट

डी] क्रैक

Q 70] चित्र में दिखाई गई वेल्डिंग प्रक्रिया का नाम बताएं]

ए] इलेक्ट्रॉन बीम वेल्डिंग

बी] प्लाज्मा वेल्डिंग

सी] जलमग्नचापवेल्डिंग

डी] थर्मिट वेल्डिंग

Q 71] जलमग्न चाप वेल्डिंग में किस प्रकार के फ्लक्स का उपयोग किया जाता है?

ए] दानेदार

बी] पाउडर

सी] पेस्ट

डी] कोई फ्लक्स का उपयोग नहीं किया जाता है

Q 72] जलमग्न चाप वेल्डिंग में प्रयुक्त इलेक्ट्रोड _______ रूप में होता है]

एक छड़

बी] वसंत

सी] कुंडल

डी] <u>तार</u>

Q 73] निम्नलिखित में से कौन जलमग्न चाप वेल्डिंग मशीन का एक भाग है?

ए] फ्लक्स हॉपर

बी] वायर फीडर

सी] शक्ति स्रोत

डी] <u>येसभी</u>

Q 74] निम्नलिखित में से कौन प्रतिरोध वेल्डिंग प्रक्रिया का एक प्रकार है?

ए] घर्षण वेल्डिंग

बी] इलेक्ट्रोस्लैग वेल्डिंग

सी] <u>सीवनवेल्डिंग</u>

डी] इनमें से कोई नहीं

Q 75] निम्नलिखित में से किस वेल्डिंग प्रक्रिया में पर दबाव डाला जाता है?

संयुक्त?

ए] <u>प्रतिरोधवेल्डिंग</u>

बी] गैस धातु चाप वेल्डिंग

सी] टीआईजी वेल्डिंग

डी] ये सभी

Q 76] निम्नलिखित में से किस वेल्डिंग प्रक्रिया में इलेक्ट्रोड के रूप में होता है

रोलर्स?

ए] टीआईजी वेल्डिंग

बी] <u>सीवनवेल्डिंग</u>

सी] स्पॉट वेल्डिंग

डी] गैस धातु चाप वेल्डिंग

Q 77] निम्न में से कौन सा कच्चा लोहा का एक प्रकार नहीं है?

ए] सफेद कच्चा लोहा

बी] लचीला कच्चा लोहा

सी] नमनीय कच्चा लोहा

डी] <u>पीलाकच्चालोहा</u>

Q 78] वेल्डिंग ऑपरेशन से पहले काम को गर्म करना ________ के रूप में जाना जाता है।

ए] सख्त

बी] पोस्ट हीटिंग

सी] <u>प्री-हीटिंग</u>

डी] शमन

Q 79] लोहा, क्रोमियम और निकल के मिश्र धातु को _________ कहा जाता है

ए] पीतल

बी] कांस्य

सी] <u>स्टेनलेसस्टील</u>

डी] सोल्डर

Q 80] निम्नलिखित में से कौन चाप काटने और गॉजिंग की प्रक्रिया है?

ए] वायु चाप काटने की प्रक्रिया

बी] प्लाज्मा चाप काटने की प्रक्रिया

सी] कार्बन चाप काटने की प्रक्रिया

डी] <u>येसभी</u>

Q 81] वेल्डिंग के लिए निम्नलिखित में से किस वेल्डिंग प्रक्रिया का उपयोग किया जा सकता है

नरम इस्पात?

ए] आर्क वेल्डिंग

बी] ऑक्सी-एसिटिलीन गैस वेल्डिंग

सी] गैस धातु चाप वेल्डिंग

डी] <u>येसभी</u>

Q 82] WPS में W का क्या अर्थ है?

एक काम

बी] कार्यकर्ता

सी] <u>वेल्डिंग</u>

डी] इनमें से कोई नहीं

Q 83] परीक्षण जिसमें, बिना तोड़े नमूने का परीक्षण किया जाता है, _______ कहा जाता है]

ए] विनाशकारी परीक्षण

बी] <u>गैरविनाशकारीपरीक्षण</u>

सी] तन्य शक्ति परीक्षण

डी] अर्ध विनाशकारी परीक्षण

Q 84] निम्नलिखित में से कौन एक विनाशकारी परीक्षण है?

ए] अल्ट्रासोनिक परीक्षण

बी] चुंबकीय कण परीक्षण

सी] रेडियोग्राफिक परीक्षण

डी] येसभी

क्यू 85] नीचे दिए गए उपकरणों का नाम दें]

ए] टिप क्लीनर

बी] स्पार्क लाइटर

सी] वेल्डगेज

डी] इनमें से कोई नहीं

Q 86] PQR में R का क्या अर्थ है?

ए] पढ़ें

बी] भागो

सी] रिकॉर्ड

डी] इनमें से कोई नहीं

Q 87] निम्नलिखित में से कौन एक आर्क वेल्डिंग प्रक्रिया नहीं है?

ए] इलेक्ट्रिक आर्क वेल्डिंग

बी] गैस धातु चाप वेल्डिंग

सी] प्रतिरोधवेल्डिंग

डी] इनमें से कोई नहीं

Q 88] निम्नलिखित में से कौन वेल्डिंग सुरक्षा परिधान है?

ए] वेल्डिंग एप्रन

बी] वेल्डिंग हाथ दस्ताने

सी] हाथ की आस्तीन

डी] येसभी

Q 89] चित्र में दिखाए गए टूल को पहचानें]

ए] टोंगो

बी] चिपिंगहथौड़ा

सी] वायर ब्रश

डी] टिप क्लीनर

क्यू 90] चाप वेल्डिंग द्वारा वेल्ड की जाने वाली सामग्री की मोटाई के रूप में बढ़ जाती है, वेल्डिंग चालू की आवश्यकता होती है

ए] बढ़ताहै

बी] घटता है

सी] वही रहता है

डी] बढ़ या घट सकता है

Q 91] अलौह धातु की वेल्डिंग के लिए पसंद की जाने वाली धारा का प्रकार है

ए] उच्च आवृत्ति प्रत्यावर्ती धारा

बी] कम आवृत्ति प्रत्यावर्ती धारा

सी] प्रत्यक्षवर्तमान

डी] कोई वरीयता नहीं

Q 92] इलेक्ट्रोड की कोटिंग के लिए प्रयुक्त सामग्री को कहा जाता है

ए] स्लैग

बी] फ्लक्स

सी] स्टिकर

डी] बाइंडर

Q 93] क्या वेल्डिंग करते समय नायलॉन के कपड़े पहनना ठीक है?

ए] नहीं, इससे बहुत अधिक पसीना आता है

B] नहीं, यहआसानीसेआगपकड़सकताहै

सी] यह ठीक है, आप इसे पहन सकते हैं

डी] नहीं, क्योंकि यह स्थैतिक बिजली पैदा कर सकता है और सदमे का कारण बन सकता है

Q 94] एसिटिलीन किसके बीच रासायनिक प्रतिक्रिया द्वारा तैयार किया जा सकता है

ए] पानीऔरकैल्शियमकार्बाइड

बी] पानी और कैल्शियम कार्बोनेट

सी] हाइड्रोजन और कैल्शियम कार्बाइड

डी] हाइड्रोजन और कैल्शियम कार्बोनेट

क्यू 95] आर्क वेल्डिंग इलेक्ट्रोड का आकार कैसे निर्दिष्ट किया जाता है?

ए] इसके वजन से

बी] धातु द्वारा इसे वेल्ड करना आवश्यक है

सी] इसकीवर्तमानवहनक्षमतासे

डी] इसके समग्र व्यास द्वारा

Q 96] ऑक्सी-एसिटिलीन कटिंग द्वारा कौन सी सामग्री को सबसे अच्छा काटा जा सकता है?

ए] पीतल

बी] कच्चा लोहा

सी] हल्केस्टील

डी] एल्यूमिनियम

Q 97] दहन की समर्थक गैस है

ए] ऑक्सीजन

बी] हाइड्रोजन

सी] कार्बन डाइऑक्साइड

डी] एसिटिलीन

Q 98] वेल्ड में गैस के फंसने से दोष होता है

ए] संलयन की कमी

बी] दरारें

सी] सरंध्रता

डी] स्लैग समावेश

क्यू 99] सुरक्षा की दृष्टि से आर्क वेल्डिंग नहीं करना चाहिए

ए] गीलेफर्शपरखड़ेहोनेपर

बी] खराब रोशनी वाले क्षेत्र में

C] जब कोई पास में खड़ा हो

डी] अच्छी तरह हवादार सीमित क्षेत्र में

प्रश्न 100] यदि गैस नियामक पर तेल या ग्रीस का उपयोग किया जाता है तो क्या हो सकता है?

ए] तेल या ग्रीस जल सकता है

बी] नियामक जल सकता है

सी] सिलेंडर फट सकता है

डी] येसभी

Q 101] वेल्डिंग से जुड़ने वाली मूल धातु कहलाती है

ए] नंगे धातु

बी] मनका धातु

सी] बेसमेटल

डी] कच्ची धातु

Q 102] MIG वेल्डिंग के बारे में कौन सा कथन सही नहीं है?

ए] वेल्डिंग की गति अधिक होती है

बी] हटाने के लिए कोई लावा नहीं है

सी] उत्पादित वेल्ड ध्वनि हैं

डी] विद्युतचापऑपरेटरकोदिखाईनहींदेरहाहै

क्यू 103] इलेक्ट्रोड-पॉजिटिव वेल्डिंग में, ... कुल गर्मी का उत्पादन होता है

इलेक्ट्रोड]

ए] दोतिहाई

बी] एक तिहाई

सी] डेढ़

डी] एक चौथाई

Q 104] एसिटिलीन को घोलने के लिए किस माध्यम का उपयोग किया जाता है?

पानी

बी] एसीटोन

सी] जेली

डी] कैल्शियम हाइड्रॉक्साइड

Q 105] एक सिलेंडर जिसमें एसिटिलीन होता है, चित्रित किया जाता है

एक नीला

बी] काला

सी] लालरंग

डी] ब्राउन

Q 106] एक सर्किट में प्रवाहित होने वाली धारा की मात्रा को इंगित करने के लिए इस्तेमाल किया जाने वाला शब्द है

बुलाया]]]]]]]]

ए] ओहमो

बी] एम्पीयर

सी] फैराडो

डी] वोल्टे

Q 107] गैस काटने वाली मशाल के सिरे के छिद्र को साफ करने के लिए क्या प्रयोग करना चाहिए?

ए] टिपक्लीनर

बी] स्टील के तार

सी] तांबे के तार

डी] छोटी ड्रिल

क्यू 108] दृश्य परीक्षा द्वारा किस वेल्ड दोष का आसानी से पता लगाया जा सकता है?

ए] साइड वॉल फ्यूजन का अभाव

बी] एक टी पट्टिका संयुक्त में जड़ दोष

सी] स्लैग समावेशन

डी] भागोंकागलतसंरेखण

Q 109] इनमें से किस धातु में सबसे अधिक तापीय चालकता है?

ए] एल्यूमिनियम

बी] कॉपर
सी] जिंक
डी] स्टील

distortion

wd Welding Distortion
Defects

विरूपण

Q 110] वेल्ड की जा रही दो प्लेटों को एक दूसरे की ओर खींचा जाता है और उनके बीच का कोण मूल रूप से निर्धारित कोण से बदलता है] विकृति कारण कहा जाता है
ए] सार्वभौमिक विकृति
बी] अनुदैर्ध्य विकृति
सी] कोणीयविकृति
डी] अनुप्रस्थ विकृति
Q 111] कौन सी परीक्षण विधि ऑपरेटर के लिए खतरनाक हो सकती है?
ए] एक्स-रेटेस्ट
बी] अल्ट्रासोनिक परीक्षण
सी] तरल प्रवेशक परीक्षण
डी] चुंबकीय कण परीक्षण
Q 112] इनमें से कौन एक गैर-विनाशकारी परीक्षण है?
ए] प्रभाव परीक्षण

बी] निक ब्रेक टेस्ट

सी] तन्यता परीक्षण

डी] हाइड्रोलिकदबावपरीक्षण

Q 113] मध्यम कार्बन स्टील का गलनांक होता है

ए] 1510 डिग्री सी

बी] 1426 डिग्रीसी

सी] 1305 डिग्री सेल्सियस

डी] 1082 डिग्री सी

Q 114] अप्रयुक्त इलेक्ट्रोड के अंतिम बिट को कहा जाता है

ए] अपशिष्ट अंत

बी] अंत त्यागें

सी] स्टबएंड

डी] छोटा अंत

Q 115] वेल्डिंग केबल से इलेक्ट्रोड तक करंट प्रवाहित करने के लिए किसका उपयोग किया जाता है?

ए] अर्थ केबल

बी] इलेक्ट्रोडधारक

सी] पृथ्वी क्लैंप

डी] केबल लग

Q 116] वेल्डिंग ट्रांसफॉर्मर का ओपन सर्किट वोल्टेज कितना होता है?

ए] 90 वी

बी] 110 वी

सी] 130 वी

डी] 150 वी

क्यू 117] वेल्डिंग मशीन जो एसी और डीसी दोनों की आपूर्ति कर सकती है]

ए] इंजन संचालित वेल्डिंग जनरेटर

बी] मोटर चालित वेल्डिंग जनरेटर

सी] वेल्डिंग ट्रांसफार्मर

डी] वेल्डिंगदिष्टकारी

Q 118] 6 मिमी मोटी माइल्ड स्टील प्लेट की गैस कटिंग के लिए क्या होना चाहिए नोजल का आकार?

ए] 0]4 मिमी

बी] 0]6 मिमी

सी] 0] 8 मिमी

डी] 1]0 मिमी

Q 119] गैस नियामक का कार्य है...

ए] गैसों को आवश्यक अनुपात में मिलाने के लिए

बी] काम के दबाव को सेट करने के लिए

C] विभिन्न प्रकार की लपटों को प्राप्त करने के लिए

D] ब्लोपाइप से बहने वाली गैस के आयतन को बदलने के लिए

Q 120] 12 मिमी मोटी वेल्डिंग के लिए किस किनारे की तैयारी का उपयोग किया जाना चाहिए

एमएस प्लेट?

ए] सिंगल

बी] डबल

सी] सिंगल

डी] नो बेवेलिंग

क्यू 121] इसमें वेल्ड करना सबसे आसान है ....

ए] क्षैतिज स्थिति

बी] लंबवत स्थिति

सी] ओवरहेड स्थिति

डी] डाउनहैंडस्थिति

Q 122] कौन सी ईंधन गैस ज्वाला का अधिकतम तापमान देती है?

ए] एसिटिलीन

बी] कोयला गैस

सी] हाइड्रोजन

डी] तरल पेट्रोलियम गैस

Q 123] आर्क वेल्डिंग के दौरान छींटे .... के कारण होते हैं।

ए] उच्चवेल्डिंगचालू

बी] नम इलेक्ट्रोड का उपयोग

सी] लघु चाप का प्रयोग

डी] चाप झटका

Q 124] TIG वेल्डिंग में जलापूर्ति का उद्देश्य क्या है?

ए] नौकरी को ठंडा करें

बी] मशाल धो लो

सी] विरूपण से बचें

डी] मशालकोठंडाकरें

क्यू 125] काम की सतह से वेल्ड मनका के शीर्ष तक की दूरी है

बुलाया ....

ए] मनका चौड़ाई

बी] सुदृढीकरण

सी] प्रवेश

डी] फ्यूजन जोन

क्यू 126] यदि वेल्ड किसी अन्य वेल्ड या बेस मेटल के साथ संयोजित नहीं होता है, इसे .... के रूप में जाना जाता है

ए] अधूरासंलयन

बी] अधूरा बंधन

सी] अधूरा प्रवेश

डी] अधूरा समावेश

Q 127] सीसा, जस्ता और कैडमियम के वाष्प ....

ए] अनदेखा किया जा सकता है

बी] अत्यधिक ज्वलनशील हैं

सी] खतरनाकहैं

डी] स्लैग समावेशन का कारण हो सकता है

क्यू 128] आम तौर पर एसिटिलीन को एक सिलेंडर से एक दर पर छोड़ा जाना चाहिए जो इसे कम से कम .... में खाली कर देगा

ए] 2 घंटे

बी] 5 घंटे

सी] 8 घंटे

डी] 10 घंटे

Q 129] जिस प्रकार के इलेक्ट्रोड नमी को आसानी से ग्रहण कर लेते हैं, वह है

ए] अम्लीय लेपित इलेक्ट्रोड

बी] मूललेपितइलेक्ट्रोड

सी] रूटाइल लेपित इलेक्ट्रोड

डी] टाइटेनियम लेपित इलेक्ट्रोड

Q 1] चित्र में दिखाए गए वेल्डिंग जोड़ को पहचानें]

ए] टी जॉइंट

बी] कॉर्नर संयुक्त

सी] बट संयुक्त

डी] गोदसंयुक्त

Q 2] ऑक्सी-एसिटिलीन ज्वाला के दहन से लगभग ________ डिग्री उत्पन्न होती है सेंटीग्रेड तापमान]

ए] 2400 से 2700

बी] 1800 से 2200

सी] <u>3100 से 3300</u>

डी] 1825 से 1875

Q 3] एसिटिलीन गैस कार्बन से बनी होती है और ____________

ए] आर्गन

बी] नाइट्रोजन

सी] <u>ऑक्सीजन</u>

डी] <u>हाइड्रोजन</u>

Q 4] एसिटिलीन गैस सिलेंडर का रंग _____ होता है

एक हरा रंग

बी] काला

सी] <u>मैरून</u>

डी] नीला

Q 5] किस गैस सिलेंडर को DA गैस सिलेंडर भी कहा जाता है?

ए] <u>एसिटिलीनगैससिलेंडर</u>

बी] ऑक्सीजन गैस सिलेंडर

सी] आर्गन गैस सिलेंडर

डी] इनमें से कोई नहीं

Q 6] तरल एसीटोन का 1 आयतन एसिटिलीन के ________ आयतन को भंग कर सकता है

सामान्य वायुमंडलीय दबाव और तापमान में गैस]

ए] 10

बी] 20

सी] <u>25</u>

डी] 30

Q 7] निम्नलिखित में से कौन सा एक प्रकार का गैस नियामक है जिसका उपयोग ऑक्सीसेटिलीन में किया जाता है

गैस वेल्डिंग?

ए] सिंगल स्टेज रेगुलेटर

बी] डबल स्टेज रेगुलेटर

सी] <u>सिंगलऔरडबलस्टेजरेगुलेटरदोनों</u>

डी] इनमें से कोई नहीं

Q 8] चित्र में दिखाए गए उपकरणों की पहचान करें]

ए] गैसनियामक
बी] वेल्डिंग ब्लोपाइप
सी] टिप क्लीनर
डी] स्पार्क लाइटर
क्यू 9] ऑक्सी एसिटिलीन गैस काटने वाली मशाल में, काटने की नोक का कोण शरीर के साथ ___ डिग्री है]
ए] 45
बी] 60
सी] 90
डी] 120
क्यू 10] ऑक्सी एसिटिलीन गैस वेल्डिंग ब्लोपाइप में, वेल्डिंग का कोण गर्दन के साथ नोक ___ डिग्री है]
ए] 45
बी] 60
सी] 90
डी] 120
Q 11] वेल्डिंग ब्लोपाइप में कितने कंट्रोल वॉल्व होते हैं, जिन्हें नियंत्रित करने के लिए ज्योति?
ए] 1
बी] 2
सी] 3
डी] 4
Q 12] लेफ्टवर्ड वेल्डिंग तकनीक को _______ भी कहा जाता है।
ए] फॉरवर्डतकनीक
बी] पिछड़ी तकनीक
सी] बैकहैंड तकनीक
डी] आंतरिक तकनीक
Q 13] गैस वेल्डिंग में फ्लक्स का एक कार्य _________ है]
ए] धातुऑक्साइडविलयकरनेकेलिए
B] धातु के गलनांक को कम करने के लिए
सी] लौ का तापमान बढ़ाने के लिए
डी] नली के पाइप को साफ करने के लिए
प्रश्न 14] टांकने में प्रयुक्त फिलर धातु का द्रव तापमान अधिक होता है से _________ डिग्री सेंटीग्रेड]

ए] 150

बी] 450

सी] 723

डी] 100

क्यू 15] ऑक्सी-एसिटिलीन काटने की प्रक्रिया में प्रयुक्त नोजल काटने का आकार मुख्य रूप से _____ पर निर्भर करता है

A] कटीजानेवालीधातुकीमोटाई

बी] ऑक्सीजन की शुद्धता

सी] कटौती की अवधि

डी] ब्लोपाइप काटने का प्रकार

Q 16] निम्नलिखित में से कौन सा गैस वेल्डिंग दोष है?

एक दरार

बी] सरंध्रता

सी] संलयन की कमी

डी] येसभी

Q 17] ऑक्सी-एसिटिलीन में लौ को प्रज्वलित करने के लिए निम्नलिखित में से किसका उपयोग किया जाता है?

गैस काटना?

ए] इलेक्ट्रोड धारक

बी] इलेक्ट्रोड

सी] स्पार्कलाइटर

डी] टिप क्लीनर

Q 18] विद्युत धारा की इकाई क्या है?

बी] एम्पीयर

सी] ओहमो

डी] मीटर

Q 19] वह दबाव जिससे विद्युत धारा प्रवाहित होती है, कहलाती है

________]

ए] विद्युत प्रवाह

बी] विद्युत प्रतिरोध

सी] चालकता

डी] वोल्टेज

Q 20] आर्क वेल्डिंग में कौन सी मशीन AC सप्लाई को DC में बदल देती है?

ए] ट्रांसफार्मर

बी] उड़ा पाइप

सी] <u>वेल्डिंगदिष्टकारी</u>

डी] इनमें से कोई नहीं

Q 21] निम्नलिखित में से कौन सी एसी वेल्डिंग मशीन है?

ए] डीसी मोटर जनरेटर

बी] <u>एसीवेल्डिंगट्रांसफार्मर</u>

सी] रेक्टिफायर सेट

डी] इनमें से कोई नहीं

Q 22] निम्नलिखित में से कौन सी वेल्डिंग पोजीशन है?

फ्लैट

बी] 2F

सी] 3जी

डी] <u>येसभी</u>

Q 24] निम्नलिखित में से कौन लंबे चाप का प्रभाव है?

ए] कम छींटे

बी] अधिक संलयन

सी] <u>अधिकछींटे</u>

डी] इनमें से कोई नहीं

Q 25] वेल्ड केंद्र से लंबाई में गुजरने वाली एक काल्पनिक रेखा है
जाना जाता है__________]

ए] वेल्ड रोटेशन

बी] वेल्ड मनका

सी] वेल्ड ढलान

डी] <u>वेल्डकीधुरी</u>

Q 26] सीधी ध्रुवता को _______ भी कहा जाता है]

ए] डीसीईपी

बी] <u>डीसीईएन</u>

सी] एमएमएडब्ल्यू

डी] जीएमएडब्ल्यू

क्यू 27] जब चुंबकीय के कारण चाप अपने नियमित पथ से विचलित हो जाता है
गड़बड़ी इसे _______ कहा जाता है]

ए] <u>चापझटका</u>

बी] ओवरलैप

सी] अंडरकट

डी] चाप जाल

Q 28] ब्लोपाइप नोजल के टिप छिद्र को _____ से साफ किया जाना चाहिए]

ए] मुलायम तांबे के तार

बी] स्टील के तार

सी] एक छोटी सी ड्रिल

डी] टिपक्लीनर

Q 29] निम्नलिखित में से किस सुरक्षा उपकरण का उपयोग की सुरक्षा के लिए किया जाता है?

पीसते समय आंखें?

ए] हैंड स्क्रीन

बी] हेलमेट

सी] चॉपिंगगॉगल्स

डी] चिपिंग स्क्रीन

Q 30] प्रकाश लेपित इलेक्ट्रोड के लिए फ्लक्स कोटिंग कारक का मान __________ है

ए] 1]25 से 1]3

बी] 1]4 से 1]5

सी] 1]8 से 2]2

डी] 2 से अधिक] 2

Q 31] निम्नलिखित में से कौन वेल्डिंग में अंडरकट का कारण है?

ए] वर्तमानबहुतअधिक

बी] वर्तमान बहुत कम

सी] लंबे चाप का प्रयोग

डी] इनमें से कोई नहीं

क्यू 32] अमेरिकी इलेक्ट्रोड कोडिंग E7018 . में संख्या 7018 का तीसरा अंक दर्शाता है ______________]

ए] संयुक्त की तन्यता ताकत

बी] वेल्डिंगकीस्थिति

सी] फ्लक्स कोटिंग का प्रकार

डी] वेल्डिंग चालू और वोल्टेज की स्थिति

Q 33] गैस मेटल आर्क वेल्डिंग में किस प्रकार के शक्ति स्रोत का उपयोग किया जाता है?

ए] लगातारवोल्टेज

बी] लगातार चालू

सी] लगातार प्रतिरोध

डी] इनमें से कोई नहीं

Q 34] MIG वेल्डिंग में निम्न में से कौन सा मेटल ट्रांसफर मोड भी है
डिप ट्रांसफर कहा जाता है?

ए] स्प्रे ट्रांसफर

बी] शॉर्टसर्किटट्रांसफर

सी] गोलाकार स्थानांतरण

डी] इनमें से कोई नहीं

Q 35] निम्नलिखित में से कौन GMA वेल्डिंग के वायर फीडर का एक भाग है?

ए] ड्राइव मोटर

बी] ड्राइव रोलर

सी] वायर स्पूल धारक

डी] येसभी

Q 36] GMAW वायर इलेक्ट्रोड E 70S-2 . के अमेरिकी कोडिंग में अंतिम अंक
दर्शाता है ______]

ए] संयुक्त की तन्यता ताकत

बी] तारकीरासायनिकसंरचना

सी] फ्लक्स कोटिंग का प्रकार

डी] वेल्डिंग चालू और वोल्टेज की स्थिति

क्यू 37] एफसीएडब्ल्यू में, बयान दक्षता आम तौर पर होती है
के बीच_________]

ए] 20% से 30%

बी] 30% से 45%

सी] 60% से 66%

डी] 80% से 86%

Q 38] निम्नलिखित में से किस गैस का उपयोग GMAW में परिरक्षण के उद्देश्य से किया जाता है
आर्गन के अलावा?

ए] कार्बनडाइऑक्साइड

बी] नाइट्रोजन

सी] ऑक्सीजन

डी] हाइड्रोजन

Q 39] TIG वेल्डिंग में किस प्रकार के शक्ति स्रोत का उपयोग किया जाता है?

ए] लगातार वोल्टेज

बी] लगातारचालू

सी] लगातार प्रतिरोध

डी] इनमें से कोई नहीं

Q 40] TIG वेल्डिंग टार्च के किस भाग में इलेक्ट्रोड होता है?

ए] नोजल

बी] कोलेट

सी] बैक कैप

डी] लीड

Q 41] गैस टंगस्टन आर्क वेल्डिंग में प्रयुक्त टार्च का गैस नोजल किसका बना होता है? _______]

ए] प्लास्टिक

बी] तांबा

सी] कांच

डी] सिरेमिक

क्यू 42] चित्र में दिखाए गए उपकरणों की पहचान करें]

ए] गैस नियामक

बी] प्रवाहमापी

सी] कोलेट

डी] मशाल

Q 43] शुद्ध टंगस्टन का गलनांक लगभग _______ डिग्री होता है सेंटीग्रेड]

ए] 2050

बी] 2550

सी] 2830

डी] 3380

Q 44] निम्नलिखित में से कौन सा कथन सत्य है?

A] आर्गन एक रंगहीन गैस है

B] आर्गन हीलियम से भारी है

C] हीलियम एक रंगहीन गैस है

डी] येसभी

Q 45] TIG वेल्डिंग में प्रयुक्त अक्रिय गैस का उद्देश्य क्या है?

ए] पिघलीहुईधातुकोवायुमंडलीयप्रदूषणसेबचानेकेलिए

बी] वेल्ड धातु में दूषित करने के लिए

C] आर्क को स्थिर करने के लिए

D] अधिक छींटे पाने के लिए

Q 46] जलमग्न चाप के बारे में निम्नलिखित में से कौन सा कथन सत्य नहीं है?
वेल्डिंग?
ए] इस वेल्डिंग में कोई छींटे नहीं होते हैं]
बी] वेल्डिंग फ्लैट स्थिति में किया जा सकता है]
सी] <u>वेल्डिंगओवरहेडस्थितिमेंकियाजासकताहै</u>]
डी] इनमें से कोई नहीं
Q 47] स्पॉट वेल्डिंग में प्रयुक्त इलेक्ट्रोड किस धातु का बना होता है?
ए] <u>कॉपर</u>
बी] पीतल
सी] कार्बन
डी] एल्यूमिनियम
Q 48] निम्नलिखित में से किसे फ्लैश बट से आसानी से वेल्ड किया जा सकता है?
वेल्डिंग की प्रक्रिया?
ए] कच्चा लोहा
बी] लीड
सी] पीतल
डी] <u>हल्केस्टील</u>
Q 49] प्रोजेक्शन वेल्डिंग और सीम वेल्डिंग __________ के प्रकार हैं
वेल्डिंग]
ए] गैस धातु चाप वेल्डिंग
बी] टीआईजी वेल्डिंग
सी] <u>प्रतिरोधवेल्डिंग</u>
डी] घर्षण वेल्डिंग
Q 50] स्लैग और ऑक्साइड को हटाने के लिए निम्न में से किसका उपयोग किया जाना चाहिए?
कच्चा लोहा वेल्डिंग के बाद?
ए] टिप क्लीनर
बी] बॉल पीन हैमर
सी] <u>वायरब्रश</u>
डी] इनमें से कोई नहीं
Q 51] वेल्ड क्षय को रोकने के लिए किस प्रकार की फिलर रॉड का चयन किया जाना चाहिए
स्टेनलेस स्टील वेल्डिंग?
ए] <u>कोलंबियमबेस</u>

बी] कॉपर लेपित हल्के स्टील

सी] सुपर सिलिकॉन

डी] इनमें से कोई नहीं

क्यू 52] वर्कपीस के प्रीहीटिंग तापमान की जाँच किसके द्वारा की जा सकती है _________]

ए] उंगली से छूना

बी] पाइरोमीटर

C] <u>क्रेयॉनकासंकेतदेनेवालातापमान</u>

डी] थर्मोकपल

Q 53] किस प्रकार की ऑक्सी-एसिटिलीन गैस की लौ का उपयोग गैस वेल्डिंग के लिए किया जाता है

शुद्ध एल्यूमीनियम?

ए] <u>तटस्थ</u>

बी] कार्बराइजिंग

सी] ऑक्सीकरण

डी] इनमें से कोई नहीं

Q 54] निम्नलिखित में से कौन एल्युमिनियम का गुण नहीं है?

ए] अच्छी तापीय चालकता

बी] अच्छी विद्युत चालकता

सी] हल्के वजन

डी] <u>खराबविद्युतचालकता</u>

Q 55] निम्नलिखित में से कौन सा शब्द वेल्डिंग से संबंधित है?

ए] डब्ल्यूपीएस

बी] एडब्ल्यूएस

सी] डब्ल्यूपीक्यू

डी] <u>येसभी</u>

Q 56] इज़ोड और चरपी मशीनें _________ परीक्षण से संबंधित हैं]

ए] <u>प्रभाव</u>

बी] लचीलापन

सी] कठोरता

डी] रेंगना

Q 57] रॉकवेल की सहायता से किस गुणवत्ता की सामग्री का परीक्षण किया जा सकता है?

और ब्रिनेल परीक्षण?

ए] <u>कठोरता</u>

बी] लचीलापन

सी] लोच

डी] लचीलापन

Q 58] डाई पेनेट्रेंट टेस्ट में पेनेट्रेंट दरारों में ________ से गुजरता है
गतिविधि]

ए] <u>केशिका</u>

बी] घर्षण

सी] विकिरण

डी] चालन

Q 59] निम्न में से किस परीक्षण में उच्च आवृत्ति की ध्वनि तरंगें होती हैं
उपयोग किया गया?

ए] दबाव परीक्षण

बी] प्रभाव परीक्षण

सी] रेडियोग्राफी परीक्षण

डी] <u>अल्ट्रासोनिकपरीक्षण</u>

Q 60] गामा किरणें __________ द्वारा निर्मित होती हैं]

ए] इरिडियम

बी] <u>कोबाल्ट 60</u>

सी] टाइटेनियम

डी] टंगस्टन

Q 61] MIG वेल्डिंग टार्च की कॉन्टैक्ट टिप बनाने के लिए किस धातु के मिश्र धातु का उपयोग किया जाता है?

\ मिग

ए] <u>कॉपर</u>

बी] एल्यूमिनियम

सी] हल्के स्टील

डी] जिंक

Q 62] TIG वेल्डिंग में किस परिरक्षण गैस का उपयोग किया जाता है?

ए] हाइड्रोजन

बी] नाइट्रोजन

सी] <u>आर्गन</u>

डी] ओजोन

Q 63] इनमें से कौन प्रतिरोध वेल्डिंग प्रक्रिया नहीं है?

ए] प्रोजेक्शन वेल्डिंग

बी] सीवन वेल्डिंग

सी] फ्लैश बट वेल्डिंग

डी] <u>कार्बनआर्कवेल्डिंग</u>

क्यू 64] एक एकल वी किनारे की तैयारी का उपयोग तब किया जाता है जब प्लेट .... मोटी

वेल्ड किया जाना है]

ए] 1 से 5 मिमी

बी] <u>5 से 15 मिमी</u>

सी] 15 से 25 मिमी

डी] 25 मिमी . से अधिक

Q 65] वेल्डिंग प्रक्रिया जिसके लिए दानेदार रूप में फ्लक्स की आवश्यकता होती है ....

ए] गैस वेल्डिंग

बी] <u>जलमग्नचापवेल्डिंग</u>

सी] मैनुअल मेटल आर्क वेल्डिंग

डी] थर्मिट वेल्डिंग

Q 66] एल्युमिनियम की वेल्डिंग के लिए प्रयुक्त ऑक्सी-एसिटिलीन ज्वाला है

ए] ऑक्सीकरण लौ

बी] तटस्थ लौ

सी] अतिरिक्त ऑक्सीजन की थोड़ी धुंध के साथ तटस्थ लौ

डी] <u>अतिरिक्तएसिटिलीनकीथोड़ीधुंधकेसाथतटस्थलौ</u>

Q 67] वेल्ड करने के लिए पुर्जों को अलाइनमेंट में रखने के लिए इस्तेमाल की जाने वाली डिवाइस कहलाती है

]]]]]

ए] <u>वेल्डिंगजिगो</u>

बी] वेल्डिंग स्थिरता

सी] वेल्डिंग पोजिशनर

डी] वेल्डिंग जोड़तोड़

Q 68] गैर-उपभोज्य इलेक्ट्रोड का उपयोग करने वाली प्रक्रिया ....

ए] <u>टीआईजी</u>

बी] मिग

सी] मैग

डी] देखा

Q 69] यदि गैस काटने के दौरान ब्लोपाइप को स्थानांतरित कर दिया जाए तो क्या होगा और

बार-बार?

ए] केर्फ संकरा होगा

बी] केर्फचौड़ाहोगा

सी] केर्फ पर कोई प्रभाव नहीं पड़ेगा

D] केर्फ सही आकार का होगा

Q 70] कच्चा लोहा सबसे अच्छा वेल्ड किया जा सकता है ....

ए] एमआईजी वेल्डिंग

बी] टीआईजी वेल्डिंग

सी] आर्क वेल्डिंग

डी] गैसवेल्डिंग

Q 71] फ्लैट बार के दो टुकड़े होने पर किस प्रकार का वेल्ड प्राप्त होता है?

टी के रूप में शामिल हो गए?

ए] बट

बी] पट्टिका

ताली

डी] एज

Q 72] आंतरिक जांच के लिए किस प्रकार का गैर-विनाशकारी परीक्षण उपयुक्त है?

उच्च दाब बॉयलर वेल्डिंग में दोष?

ए] रेडियोग्राफिकपरीक्षण

बी] दृश्य परीक्षण

सी] चुंबकीय कण परीक्षण

डी] डाई प्रवेशक परीक्षण

forge welding

wd Forge welding

फोर्ज वेल्डिंग

Q 73] इनमें से कौन प्लास्टिक वेल्डिंग का एक उदाहरण है?

ए] आर्क वेल्डिंग

बी] गैस वेल्डिंग

सी] थर्मिट वेल्डिंग

डी] फोर्जवेल्डिंग

Q 74] आर्क वेल्डिंग के दौरान इनमें से कौन सी किरणें उत्पन्न नहीं होती हैं?

ए] इन्फ्रारेड किरणें

बी] पराबैंगनी किरणें

सी] दृश्यमान प्रकाश किरणें

D] गामाकिरणें

Q 75] ऊष्मा-प्रभावित-क्षेत्र धातु का वह भाग है जो ....

ए] पिघलता है और प्लास्टिक बन जाता है

B] नतोपिघलताहैऔरनहीप्लास्टिकबनताहै

C] पिघलता है लेकिन प्लास्टिक नहीं बनता

D] पिघलता नहीं है लेकिन प्लास्टिक बन जाता है

Q 76] इलेक्ट्रोड के लिए AWS कोड E से शुरू होता है और उसके बाद 4 अंकों की संख्या होती है]

तीसरा अंक .... का प्रतिनिधित्व करता है

ए] फ्लक्स कोटिंग का प्रकार

बी] वेल्डिंगकीस्थिति

सी] वेल्डमेंट की तन्यता ताकत

डी] ध्रुवीयता

क्यू 77] वेल्डिंग के दौरान लंबे चाप के उपयोग से बचने के कारणों में से एक है वह ....

ए] यह ओपन सर्किट वोल्टेज बढ़ाता है

B] यहबेसमेटलकेफ्यूजनकीकमीदेताहै

सी] जोड़ वेल्डिंग के दौरान दरारें विकसित करेगा

D] यह अधिक इलेक्ट्रोड की खपत करता है

क्यू 78] चुंबकीय कण परीक्षण के दौरान, सबसे अच्छा अभ्यास है]

ए] जब भी संभव हो एसी का प्रयोग करें

बी] जब भी संभव हो डीसी का प्रयोग करें

C] कम से कम 100 एम्पीयर का प्रयोग करें

D] भागकोएकदूसरेसेसमकोणपरदोदिशाओंमेंचुम्बकितकरें

Q 79] वेल्डिंग सिंबल में इस्तेमाल होने वाले सर्कल का मतलब है कि वेल्डिंग है

ए] संयुक्तकेचारोंओरहोना

बी] यह सुनिश्चित करने के लिए कि बाद के जमा अच्छे हैं

सी] पहली जगह में तनाव दूर करने के लिए

डी] किसी भी अतिरिक्त स्लैग को हटाने के लिए

क्यू 80] एक वेल्डेड जोड़ में, जड़ से वेल्ड तक की न्यूनतम दूरी चेहरा है]]]]]]]]]

एक पांव

बी] प्रभावीगला

सी] वेल्ड की लंबाई

डी] वेल्ड की गहराई

Q 81] इनमें से कौन जलमग्न चाप वेल्डिंग की मूल विशेषता है?

ए] गहरी पैठ

बी] चिकना वेल्ड

सी] उच्च वेल्डिंग चालू

डी] येसभी

Q 82] GMAW में मेटल ट्रांसफर के चार तरीकों में से कौन सा है
कम से कम वांछनीय?

ए] स्प्रे

बी] शॉर्ट-सर्किटिंग

सी] गोलाकार

डी] स्पंदित-स्प्रे

Q 83] माइल्ड स्टील की गैस मेटल आर्क वेल्डिंग के लिए उपयुक्त परिरक्षण गैस है]]]]]]]]]

ए] कार्बनडाइऑक्साइड

बी] आर्गोन

सी] हीलियम

D] आर्गन और हीलियम का मिश्रण

Q 84] यदि टंगस्टन इलेक्ट्रोड को जोड़ा जाए तो TIG वेल्डिंग में क्या होगा?
सकारात्मक टर्मिनल के लिए?

ए] यह वेल्ड मनका में सरंध्रता पैदा करेगा

बी] वेल्डप्रवेशउथलाऔरचौड़ाहोगा

सी] वेल्ड बीड में दरारें होंगी

D] फ्यूजन की कमी होगी

Q 85] माइल्ड की TIG वेल्डिंग के लिए इलेक्ट्रोड टिप का आकार कैसा होना चाहिए?
इस्पात?

बी] गोलाकार अंत

सी] नुकीलाअंत

डी] कोणीय अंत

residual stresses

wd Residual stresses

अवशिष्ट तनाव

Q 86] के कारण होने वाले अवशिष्ट तनाव को कम करने के लिए क्या करना चाहिए? वेल्डिंग?

ए] वेल्डिंग के दौरान भागों को स्वतंत्र रूप से चलने दें

बी] "बैक स्टेप" अनुक्रम का प्रयोग करें

सी] पोस्ट वेल्ड गर्मी उपचार का प्रयोग करें

डी] "बैकस्टेप" अनुक्रमऔर / यापोस्टवेल्डगर्मीउपचारकाप्रयोगकरें

क्यू 87] चाप के फटने की समस्या तब होने की संभावना है जब ....

ए] प्रत्यक्ष वर्तमान के साथ वेल्डिंग

बी] प्रत्यावर्ती धारा के साथ वेल्डिंग

सी] नंगे इलेक्ट्रोड के साथ वेल्डिंग

डी] बारी-बारीसेचालूऔर / यानंगेइलेक्ट्रोडकेसाथवेल्डिंग

Q 88] वेल्डिंग शील्ड को काले रंग में रखना पसंद किया जाता है] क्यों?

ए] यह अच्छी उपस्थिति देता है

बी] यह प्रकाश किरणों को बेहतर ढंग से दर्शाता है

C] यहप्रकाशकिरणोंकोअवशोषितकरताहै

डी] यह ढाल की लागत को कम करता है

Q 89] धातुओं का कौन सा गुण पिघली हुई धातु को बनाए रखने में मदद करता है
ओवरहेड स्थिति में वेल्डिंग करते समय जोड़ पर जमा किया जाता है?

ए] घनत्व

बी] चुंबकीय आकर्षण

सी] थर्मल संकुचन

डी] सतहतनाव

Q 90] बहुत अधिक वेल्डिंग करंट होने पर क्या दोष होने की संभावना है?
उपयोग किया गया?

ए] अंडरकट

बी] सरंध्रता

सी] संलयन की कमी

डी] अत्यधिक पैठ

क्यू 91] अगर बड़े वेल्ड पोखर हैं तो जोड़ में क्या दोष होगा?
MIG-MAG वेल्डिंग में जमा किया जाता है?

ए] अंडरकट

बी] संलयन की कमी

सी] दरारें

डी] पैठ की कमी

Q 92] इनमें से कौन लौह चूर्ण का उपयोग करने के लाभों में से एक है
इलेक्ट्रोड?

ए] यह जोड़ में दरार से बचाता है

बी] यहवेल्डकोपूराकरनेकेलिएआवश्यकसमयकोकमकरताहै

सी] यह फ्लक्स कोटिंग की ताकत बढ़ाता है

डी] यह इलेक्ट्रोड के माध्यम से धारा के प्रवाह में सुधार करता है

Q 93] MIG/MAG वेल्डिंग में प्रयुक्त फिलर वायर कॉपर कोटेड होता है] क्यों?

ए] बेस मेटल रिएक्शन को रोकने के लिए

बी] जंगकोरोकनेकेलिए

सी] वायु द्वारा प्रदूषण को रोकने के लिए

डी] गैस शील्ड को रोकने के लिए

Q 94] MIG/MAG वेल्डिंग में विभिन्न परिरक्षण गैसों का उपयोग किया जाता है] कौन सी गैस
दूसरों की तुलना में अधिक स्थिर चाप पैदा करता है?

ए] आर्गोन

बी] हीलियम
सी] कार्बन डाइऑक्साइड
डी] हाइड्रोजन
Q 95] गाइडेड बेंड टेस्ट का उपयोग .... को निर्धारित करने के लिए किया जाता है।
ए] लचीलापन
बी] तन्य शक्ति
सी] प्रभाव मूल्य
डी] प्रतिशत बढ़ाव
प्रश्न 96] यदि सिलेंडर ट्रॉली उपलब्ध नहीं है, तो गैस सिलेंडर कैसा होना चाहिए
चले गए?
ए] ड्रैगिंग
बी] स्लाइडिंग
सी] रोलिंग
डी] झुकानाऔरहिलना
क्यू 97] गैस काटने के दौरान, नोजल होना चाहिए........
ए] काम को छूना
बी] काम से 2 मिमी
सी] कामसे 5 मिमी
डी] काम से 10 मिमी
Q 98] उस प्रक्रिया को क्या कहते हैं जो a . की सतह से धातु को हटाती है?
वांछित गहराई तक प्लेट?
ए] बेवेलिंग
बी] ग्रूविंग
सी] गौगिंग
डी] भेदी
Q 99] यदि मनके का आधार धातु के साथ संलयन खराब है, तो क्या हो सकता है
संभावित कारण?
ए] वर्तमान बहुत अधिक है
बी] वर्तमानबहुतकमहै
सी] चाप बहुत छोटा है
डी] इलेक्ट्रोड यात्रा बहुत धीमी है
क्यू 100] रूट जमा करते समय एक खुले कोने के जोड़ पर लंबवत चलाएं
स्थिति, शॉर्ट आर्क और एक की होल को बनाए रखना आवश्यक है] क्यों?
ए] विरूपण से बचने के लिए

B] चाप को अस्थिर होने से बचाने के लिए

सी] अच्छीपैठप्राप्तकरनेकेलिए

डी] वेल्डर को वेल्ड करने की सुविधा के लिए

Q 101] कच्चा लोहा वेल्ड करने में क्या कठिनाई होती है?

ए] इसकीकठोरताऔरभंगुरता

बी] इसकी उच्च संपीड़न शक्ति

C] इसका निम्न गलनांक

डी] इसकी तरलता

क्यू 102] वेल्डिंग के लिए डीसी वेल्डिंग मशीन का उपयोग करने के फायदों में से एक है ....

ए] कम रखरखाव लागत

बी] कम वेल्डिंग लागत

सी] कम बिजली की खपत

डी] लौहऔरअलौहधातुओंदोनोंकोवेल्डकियाजासकताहै

Q 103] एसिटिलीन गैस में भार के अनुसार कार्बन का प्रतिशत है

ए] 92]3%

बी] 89]3%

सी] 85]3%

डी] 78]3%

Q 104] जब तीन या अधिक गैस सिलेंडर होते हैं तो सिस्टम को क्या कहा जाता है
एक साथ जुड़े?

ए] समूह प्रणाली

बी] यौगिक प्रणाली

सी] श्रृंखला प्रणाली

डी] कईगुनाप्रणाली

Q 105] वेल्डिंग की दुकान में किस प्रकार का अग्निशामक उपयोग के लिए उपयुक्त है?

ए] फोम प्रकार का बुझाने वाला

बी] सूखा पाउडर बुझाने वाला यंत्र

सी] कार्बनडाइऑक्साइडबुझानेवालायंत्र

डी] हेलोन एक्सटिंगुइशर

Q 106] अपहिल वेल्डिंग तकनीक द्वारा किस प्रकार के पाइपों को वेल्ड किया जाता है?

ए] पतली दीवार पाइप

बी] मोटीदीवारपाइप

सी] बड़े व्यास के पाइप

डी] छोटे व्यास के पाइप

क्यू 107] एक दरार वाली ढलाई को वेल्डिंग द्वारा ठीक किया जाना है] आप कैसे करेंगे वेल्डिंग करते समय दरार के विस्तार को रोकें?

ए] प्रीहीटिंग द्वारा

बी] दरार को ग्रो करके

C] दरार के दोनों सिरों पर टकटकी लगाकर

D] दरारकेदोनोंसिरोंपरड्रिलिंगकरके

क्यू 108] पतली वेल्डिंग के लिए किस प्रतिरोध वेल्डिंग प्रक्रिया का उपयोग किया जाएगा

लगातार चादरें?

ए] स्पॉट वेल्डिंग

बी] सीवनवेल्डिंग

सी] प्रोजेक्शन वेल्डिंग

डी] फ्लैश वेल्डिंग

Q 109] निम्नलिखित में से कौन सी पाइप वेल्डिंग स्थिति 45° . का प्रतिनिधित्व करती है

इच्छुक स्थिति वेल्डिंग?

ए] 1 - जी

बी] 2 - जी

सी] 5 - जी

डी] 6 - जी

Q 110] यदि MMAW में लॉन्ग आर्क का उपयोग किया जाता है तो क्या होगा?

ए] जोड़ मजबूत होगा

B] बेसमेटलकेफ्यूजनकीकमीहोगी

सी] संयुक्त दरारें विकसित करेगा

डी] इलेक्ट्रोड की खपत अधिक होगी

Q 111] कौन सी धातु एक्स-किरणों को अपने पास से गुजरने नहीं देती है?

ए] कॉपर

बी] जिंक

सी] टिन

डी] लीड

Q 112] किस प्रकार की वेल्डिंग के लिए के रूप में इलेक्ट्रोड के उपयोग की आवश्यकता होती है?

स्पूल?

ए] स्टिक वेल्डिंग

बी] एमआईजीवेल्डिंग

सी] ऑक्सी-एसिटिलीन वेल्डिंग

डी] मैनुअल मेटल आर्क वेल्डिंग

Q 113] आर्गन का उपयोग स्टेनलेस स्टील की वेल्डिंग के लिए किया जाता है क्योंकि......

ए] यहनिष्क्रियहै

बी] यह इलेक्ट्रोड के पिघलने में मदद करता है

सी] यह सस्ता है

D] यह सरंध्रता को रोकता है

Q 114] शब्द "स्क्वायर वेव" किससे संबंधित है?

ए] आउटपुटपावरकाआकार

बी] टंगस्टन इलेक्ट्रोड का आकार

सी] शक्ति स्रोत नियंत्रण बॉक्स का आकार

डी] भराव धातु का आकार

Q 115] धातु के किस गुण का विरूपण पर सबसे अधिक प्रभाव पड़ता है

वेल्डिंग के दौरान?

ए] लोच का मापांक

बी] थर्मलविस्तारकागुणांक

सी] तापीय चालकता का गुणांक

डी] उपज शक्ति

Q 116] MIG वेल्डिंग के दौरान वेल्ड बीड में ब्लोहोल्स से कैसे बचें?

ए] वेल्डिंग की गति बढ़ाकर

बी] स्टिक-आउट बढ़ाकर

सी] उच्च धारा सेट करके

डी] वेल्डमनकापरपरिरक्षणगैसकोकेंद्रितकरके

Q 117] हीलियम आर्गन की तुलना में .... से हल्का है।

ए] छह बार

बी] आठ बार

सी] दसगुना

डी] पंद्रह बार

Q 118] यदि वेल्ड की जाने वाली प्लेटों को क्लैंप किया जाता है, तो यह ताना-बाना को कैसे प्रभावित करेगा?

ए] इसका युद्धपोत पर कोई प्रभाव नहीं पड़ेगा

बी] यहयुद्धपोतकोकमकरेगा

सी] यह युद्धपोत को बढ़ाएगा

D] युद्धपोत पर इसका नगण्य प्रभाव पड़ेगा

Q 119] निम्नलिखित में से किसके माध्यम से जलने की सबसे अधिक संभावना है वेल्डिंग?

ए] जड़चेहराबहुतछोटा

बी] यात्रा की गति बहुत तेज

सी] रूट गैप बहुत छोटा

डी] यात्रा की गति बहुत धीमी

Q 120] में एल्युमिनियम के स्थान पर कॉपर का प्रयोग करने से क्या लाभ है? वेल्डिंग केबल?

ए] कॉपर सस्ता है

B] कॉपर हल्का होता है

सी] कॉपरवर्तमानवहनक्षमताऔरलचीलेपनमेंसुधारकरताहै

डी] ये सभी

Q 121] त्रिकोणीय आकार का वेल्ड प्रतीक किस प्रकार के वेल्ड का प्रतिनिधित्व करता है?

ए] पट्टिकावेल्ड

बी] बेवल नाली

सी] फ्लेयर ग्रूव

डी] वी नाली

प्रश्न 1) प्रतिरोध वेल्डिंग में

1) कोई चाप नहीं बनता है

2) धारा के पारित होने से ऊष्मा उत्पन्न होती है

3) कोई भराव धातु का उपयोग नहीं किया जाता है

4) येसभी / येसभी

Q 2) इनमें से कौन वेल्डिंग में होने वाली एक प्रकार की विकृति नहीं है?

1) रेडियलविरूपण

2) अनुदैर्ध्य विकृति

3) कोणीय विकृति

4) अनुप्रस्थ विकृति /

क्यू 3) नीचे दिखाए गए वेल्ड मनका में दोष की पहचान करें।

1) ब्लोहोल

2) फ्यूजनकीकमी

3) पैठ की कमी

4) सरंध्रता

Q 4) TIG वेल्डिंग में वेल्डिंग टार्च का कार्य है

1) वर्तमान को वेल्ड क्षेत्र में ले जाने के लिए

2) परिरक्षण गैस को वेल्ड क्षेत्र में ले जाने के लिए

3) ठंडा पानी ले जाने के लिए

4) येसभी

Q 5) प्लेटों को संरेखण में रखने के लिए वेल्डिंग से पहले किए गए एक छोटे वेल्ड को कहा जाता है

1) टैकवेल्ड

2) सिलाई वेल्ड

3) टैग वेल्ड

4) अस्थायी वेल्ड

क्यू 6) वेल्ड को नष्ट किए बिना वेल्ड की गुणवत्ता का निर्धारण, एक विधि है जिसे कहा जाता है

1) टीडीटी

2) एनडीटी

3) पीडीटी

4) क्यूडीटी

Q 7) इनमें से कौन दबाव के साथ वेल्डिंग की एक विधि है?

1) गैस वेल्डिंग

2) प्रतिरोधवेल्डिंग

3) मैनुअल मेटल आर्क वेल्डिंग

4) थर्मिट (फ्यूजन) वेल्डिंग

Q 8) इनमें से कौन एक अस्थायी जोड़ है?

1) प्रेसफिटजॉइंट

2) वेल्डेड संयुक्त

3) ब्रेज़्ड जोड़

4) रिवेटेड जॉइंट

Q 9) इनमें से कौन आर्क वेल्डिंग सर्किट का घटक नहीं है?

1) शक्ति स्रोत

2) वेल्डिंग केबल

3) जिगो

4) इलेक्ट्रोड के साथ इलेक्ट्रोड धारक

Q 10) जैसे-जैसे वेल्डिंग चाप की लंबाई बढ़ती है

1) <u>ऑपरेटिंगवोल्टेजबढ़ताहै</u>

2) ऑपरेटिंग वोल्टेज घटता है

3) ऑपरेटिंग वोल्टेज वही रहता है

4) ऑपरेटिंग वोल्टेज बढ़ या घट सकता है

Q 11) इनमें से किसका उपयोग वेल्ड बीड के आकार और आकार की जांच के लिए किया जाता है?

1) वेल्ड संकेतक

2) वेल्ड टेम्पलेट

3) <u>वेल्डगेज</u>

4) वेल्ड डायल

Q 12) इनमें से कौन सी मशीन AC को DC में बदल देती है?

1) एम्पलीफायर

2) इन्वर्टर

3) <u>रेक्टिफायर</u>

4) ट्रांसफार्मर

Q 13) आर्क ब्लो की समस्या तब आती है जब

1) ट्रांसफॉर्मर का उपयोग वेल्डिंग के लिए किया जाता है

2) <u>डीसीबिजलीकीआपूर्तिवेल्डिंगकेलिएप्रयोगकीजातीहै</u>

3) जब वेल्डिंग के लिए रेक्टिफायर का उपयोग किया जाता है

4) उपरोक्त में से कोई भी प्रयोग किया जाता है

Q 14) नीचे दिखाए गए गैस कटिंग टॉर्च के चित्र में, कौन सा घटक के प्रवाह को नियंत्रित करता है?

ऑक्सीजन काटना?

1) <u>ऑक्सीजनकाटनेकाप्रवाह A द्वारानियंत्रितहोताहै</u>

2) ऑक्सीजन काटने का प्रवाह B . द्वारा नियंत्रित होता है

3) ऑक्सीजन काटने का प्रवाह C . द्वारा नियंत्रित होता है

4) ऑक्सीजन काटने का प्रवाह D . द्वारा नियंत्रित होता है

क्यू 15) विद्युत क्षमता को ivद्युत माता . के नाम से भी जाना जाता है को ________ नाम से

1) विद्युत बल

2) <u>इलेक्ट्रोमोटिवबल</u>

3) इलेक्ट्रोलाइटिक बल

4) विद्युत चुम्बकीय बल

Q 16) उस प्रतिरोध वेल्डिंग प्रक्रिया का नाम बताइए जिसमें दो पहियों का उपयोग किया जाता है।

1) साइलेंट बट वेल्डिंग

2) फ्लैश बट वेल्डिंग

3) सीवनवेल्डिंग

4) प्रोजेक्शन वेल्डिंग

Q 17) स्पॉट वेल्डिंग में इलेक्ट्रोड किससे बने होते हैं?

2) तांबा

3) टंगस्टन

4) टिन

Q 18) इनमें से किस धातु को TIG वेल्डिंग द्वारा वेल्ड किया जा सकता है?

1) तांबा

2) एल्युमिनियम

3) स्टेनलेस स्टील

4) येसभी

Q 19) तांबे की TIG वेल्डिंग के लिए कौन सी परिरक्षण गैस पसंद की जाती है?

1) आर्गन

2) हीलियम

3) आर्गन और हीलियम का मिश्रण

4) आर्गन और हीलियम दोनों समान रूप से अच्छे हैं

क्यू 20) एल्युमिनियम की टीआईजी वेल्डिंग के लिए, का उपयोग करें

1) इलेक्ट्रोड पॉजिटिव वाला DC बेहतर परिणाम देता है

2) इलेक्ट्रोड नकारात्मक के साथ डीसी बेहतर परिणाम देता है

3) एसीबेहतरपरिणामदेताहै

4) उपरोक्त में से कोई भी एक अच्छा परिणाम देगा

gas welding gas welding

गैस वेल्डिंग

Q 21) इनमें से कौन सी हाई स्पीड वेल्डिंग प्रक्रिया नहीं है?

1) जलमग्न चाप वेल्डिंग

2) मिग वेल्डिंग

3) एमएजी वेल्डिंग

4) <u>गैसवेल्डिंग</u>

Q 22) MIG वेल्डिंग प्रक्रिया के बारे में क्या सही नहीं है?

1) कोई धातुमल नहीं बनता है

2) इलेक्ट्रोड के लगातार परिवर्तन की आवश्यकता नहीं है

3) आवश्यक उपकरण महंगा है

4) <u>धातुकेजमावकीदरधीमीहोतीहै</u>

क्यू 23) चित्र नीचे गैस काटने की प्रक्रिया को दर्शाता है। Kerf द्वारा दर्शाया गया है

1) केर्फ को ए . द्वारा दर्शाया गया है

2) केर्फ को बी द्वारा दर्शाया गया है

3) केर्फ को सी . द्वारा दर्शाया गया है

4) <u>केर्फ़कोडी . द्वारादर्शायागयाहै</u>

क्यू 24) नीचे दिखाए गए अनुसार एमआईजी वेल्डिंग में धातु हस्तांतरण के प्रकार की पहचान करें:

1) डुबकी हस्तांतरण

2) स्प्रे ट्रांसफर

3) <u>गोलाकारस्थानांतरण</u>

4) इनमें से कोई नहीं

Q 25) कैल्शियम कार्बाइड का रासायनिक सूत्र क्या है?

1) सीएसी

2) <u>सीएसी 2</u>

3) सीए2सी

4) Ca2C2

Q 26) इनमें से कौन कम करने वाला एजेंट या डीऑक्सीडेंट है?

1) सिलिकॉन

2) मैंगनीज

3) <u>उपरोक्तदोनों</u>

4) इनमें से कोई नहीं

Q 27) यदि कोई धातु प्रवेश का विरोध करती है, तो वह है

1) कठिन

2) भंगुर

3) <u>कठोर</u>

4) तन्य

क्यू 28) चित्राबेलो एक ट्रांसफॉर्मर का सरलीकृत आरेख है।

1) इसमें B नेआयरनकोरकोदर्शायाहै

2) इसमें B कॉपर कोर को दर्शाता है

3) इसमें बी स्टील कोर को इंगित करता है

4) इसमें B कोर को रेगुलेट करने का संकेत देता है

Q 29) वेल्डिंग से पहले कच्चा लोहा पहले से गरम क्यों किया जाता है?

1) सिकुड़न से बचने के लिए

2) क्रैकिंगसेबचनेकेलिए

3) सख्त होने से बचने के लिए

4) उपरोक्त सभी को सुनिश्चित करने के लिए

Q 30) आर्क वेल्डिंग में क्लोज्ड बट जॉइंट का उपयोग प्लेटेड तक तक किया जाता है

1) 3 मिमीमोटी

2) 5 मिमी मोटी

3) 8 मिमी मोटी

4) 10 मिमी मोटी

Q 31) वह परीक्षण जिसमें बिजली के उपयोग की आवश्यकता नहीं होती है

1) एक्स-रे परीक्षण

2) डाईप्रवेशकपरीक्षण

3) अल्टासोनिक परीक्षण

4) हाइड्रोलिक दबाव परीक्षण

क्यू 32) चाप समय क्या है?

1) चापवेल्डिंगऑपरेशनकेदौरानचापचालूहोनेकासमय

2) कुल समय कार्यकर्ता को काम में लगाया जाता है

3) गैर चाप समय

4) कुल चाप और गैर-चाप समय

क्यू 33) नीचे दिखाए गए जोड़ को पहचानें

1) एज जॉइंट

2) कॉर्नरजॉइंट

3) प्लग संयुक्त

4) स्लॉट संयुक्त

Q 34) गैस वेल्डिंग में प्रयुक्त फ्लक्स के बारे में क्या सही नहीं है?

1) यह फ्यूसिबल है

2) यह रासायनिक यौगिक है

3) यह ऑक्साइड को घोलता है

4) इनमेंसेकोईनहीं

Q 35) जब गैस वेल्डिंग, फ्लक्स की आवश्यकता नहीं होती है ......

1) एल्युमिनियम

2) माइल्डस्टील

3) तांबा

4) पीतल

क्यू 36) वेल्ड की दृश्य परीक्षा दोष का पता लगाने में मदद कर सकती है

1) अंडरकट

2) अनुचित प्रोफ़ाइल

3) अधूरी पैठ

4) येसभी

Q 37) नीचे दिए गए चित्र में दिखाया गया पाइप जोड़ किस प्रकार का है?

1) टी जॉइंट

2) निकला हुआ किनारा संयुक्त

3) वाईसंयुक्त

4)शाखा जोड़

Q 38) ऑक्सी-एसिटिलीन कटिंग में प्रयुक्त कटिंग नोजल का आकार मुख्य रूप से निर्भर करता है

1) काटेजानेवालीधातुकीमोटाई

2) ऑक्सीजन की शुद्धता

3) कट की अवधि

4) कटिंग ब्लोपाइप का प्रकार

प्र 39) ब्लोपाइप के छिद्र को कैसे साफ करना चाहिए?

1) नरम स्टील के तार का प्रयोग करें

2) नरम तांबे के तार का प्रयोग करें

3) टिपक्लीनरकाप्रयोगकरें

4) एक छोटे व्यास की ड्रिल का प्रयोग करें

Q 40) वायुमंडलीय वायु का अधिकांश भाग किसके द्वारा लिया जाता है?

1) ऑक्सीजन

2) नाइट्रोजन

3) हाइड्रोजन

4) आर्गन

Q 41) इलेक्ट्रोड कोड के अंत में प्रत्यय के रूप में प्रयुक्त अक्षर H इंगित करता है कि यह ....

1) भारी लेपित इलेक्ट्रोड
2) कमहाइड्रोजनइलेक्ट्रोड
3) लौह चूर्ण इलेक्ट्रोड
4) उच्च तन्यता ताकत इलेक्ट्रोड

Q 42) वेल्ड के प्रतिशत बढ़ाव का पता लगाने के लिए कौन सा परीक्षण किया जाता है?
1) निर्देशित मोड़ परीक्षण
2) तन्यतापरीक्षण
3) थकान परीक्षण
4) प्रभाव परीक्षण

Q 43) दृश्य परीक्षा द्वारा किस वेल्डिंग दोष का आसानी से पता लगाया जा सकता है?
1) फ्यूजन की कमी
2) वेल्डेडभागोंकागलतसंरेखण
3) इंटर-बीड स्लैग समावेशन
4) टी - पट्टिका वेल्ड में जड़ दोष

Q 44) MIG/MAG वेल्डिंग में लंबे इलेक्ट्रोड स्टिक-आउट का क्या प्रभाव होगा?
1) अतिरिक्त वेल्ड धातु
2) कम वेल्ड धातु
3) वेल्डमेटलरफ
4) वेल्ड धातु चिकनी

Q 45) GMAW में कौन सी अक्रिय गैस अधिक स्थिर चाप उत्पन्न करेगी?
1) आर्गन
2) हीलियम
3) कार्बन डाइऑक्साइड
4) ये सभी समान रूप से स्थिर चाप उत्पन्न करते हैं

Q 46) जलमग्न चाप वेल्डिंग में कौन सा ऑपरेटिंग चर चाप की लंबाई को नियंत्रित करता है?
1) वेल्डिंग की गति
2) वेल्डिंगवोल्टेज
3) वेल्डिंग चालू
4) इलेक्ट्रोड तार विस्तार

Q 47) TIG वेल्डिंग में 1.5 मिमी व्यास के टंगस्टन इलेक्ट्रोड के लिए गैस नोजल का आकार क्या है?
प्रक्रिया?
1) 10 मिमीव्यास

2) 12 मिमी व्यास

3) 14 मिमी व्यास

4) 16 मिमी व्यास

Q 48) नीचे दिए गए चित्र में दिखाए गए मनके में वेल्ड दोष की पहचान करें।

1) सरंध्रता

2) स्लैगसमावेश

3) फ्यूजन की कमी

4) पैठ की कमी

Q 49) वेल्डिंग में लॉन्ग आर्क के इस्तेमाल से बचने का एक कारण ....

1) यहबेसमेटलमेंफ्यूजनकीकमीदेताहै

2) यह ओपन सर्किट वोल्टेज बढ़ाता है

3) यह वेल्ड में दरार की संभावना को बढ़ाता है

4) यह इलेक्ट्रोड की खपत को बढ़ाता है

Q 50) किस एनडीटी के आवेदन के लिए बिजली की आवश्यकता नहीं होती है?

1) एक्स-रे परीक्षण

2) डाईपेनेट्रेंटटेस्ट

3) अल्ट्रासोनिक परीक्षण

4) हाइड्रोलिक दबाव परीक्षण

Q 51) मुख्य लाभ जिसके कारण आयरन पाउडर इलेक्ट्रोड का उपयोग किया जाता है, वह है ....

1) वेल्डकोपूराकरनेमेंलगनेवालासमयकमहोजाताहै

2) वेल्ड में कोई दरार नहीं होगी

3) फ्लक्स कोटिंग मजबूत हो जाती है

4) धारा के प्रवाह का प्रतिरोध कम हो जाता है

Q 52) जलमग्न चाप वेल्डिंग के बारे में कौन सा कथन सही है?

1) वैक्यूम वेल्डिंग की जाती है

2) बेयरवायरइलेक्ट्रोडकाप्रयोगकियाजाताहै

3) इसे किसी भी स्थिति में वेल्डिंग के लिए लगाया जा सकता है

4) धातु के जमाव की दर धीमी होती है

क्यू 53) कम गर्मी इनपुट इलेक्ट्रोड का उपयोग करने का क्या फायदा है?

1) वेल्ड धातु की बहुत पतली परत लागू की जा सकती है

2) विरूपणऔरवारपेजकमहोजातेहैं

3) वेल्ड धातु की गुणवत्ता उच्च है

4) सरफेसिंग सभी पोजीशन में की जा सकती है

Q 54) नीचे दिखाया गया वेल्डिंग सिंबल .... का है।

1) स्क्वायरबटवेल्ड

2) सिंगल - वी बट वेल्ड

3) डबल - वी बट वेल्ड

4) सिंगल - यू बट वेल्ड

Q 55) TIG वेल्डिंग में अनुचित अक्रिय गैस प्रवाह का क्या प्रभाव होगा?

1) सरंध्रता

2) दरारें

3) पैठ की कमी

4) वेल्डधातुकाऑक्सीकरणहोरहाहै

Q 56) कौन सी इलेक्ट्रॉनिक इकाई TIG वेल्डिंग में आर्क दीक्षा की सुविधा प्रदान करती है?

1) कम आवृत्ति इकाई

2) मध्यम आवृत्ति इकाई

3) उच्चआवृत्तिइकाई

4) दोहरी आवृत्ति इकाई

Q 57) TIG वेल्डिंग में प्रयुक्त होने वाला नोजल .... का बना होता है।

1) बैकेलाइट

2) सिरेमिक

3) प्लास्टिक

4) मिट्टी

Q 58) यदि वेल्ड की जड़ तक संलयन नहीं होता है तो क्या दोष होगा?

1) ब्लोहोल्स

2) पैठकीकमी

3) सरंध्रता

4) दरारें

Q 59) कौन सा गैर-विनाशकारी परीक्षण आंतरिक वेल्ड दोष की गहराई का निर्धारण कर सकता है?

1) अल्ट्रासोनिकपरीक्षण

2) चुंबकीय कण परीक्षण

3) डाई पेनेट्रेंट टेस्ट

4) एडी करंट टेस्ट

Q 60) वेल्डिंग करते समय कौन सा भौतिक गुण पिघली हुई धातु को स्थिति में बनाए रखने में मदद करता है?

ओवरहेड स्थिति में किया जा रहा है?

1)चुंबकीय आकर्षण

2) <u>सतहतनाव</u>

3) केशिका

4) थर्मल संकुचन

Q 61) TIG वेल्डिंग के लिए उपयोग किए जाने वाले टंगस्टन इलेक्ट्रोड की नोक का आकार कैसा होता है?

एल्युमिनियम?

1) नुकीला छोर

2) फ्लैट अंत

3) <u>गोलाकारअंत</u>

4) कोणीय अंत

Q 62) स्पॉट वेल्डिंग प्रक्रिया मूल रूप से .... पर निर्भर करती है।

1) फोर्जिंग दबाव का अनुप्रयोग

2) ओमिक प्रतिरोध

3) ऊष्मा उत्पन्न करना

4) <u>ऊष्माउत्पन्नकरनाऔरफोर्जिंगदबावकाअनुप्रयोग</u>

Q 63) GMAW में मेटल ट्रांसफर के चार तरीके हैं। कौन सा सबसे कम माना जाता है वांछित?

1) स्प्रे

2) स्पंदित स्प्रे

3) <u>गोलाकार</u>

4) शॉर्ट सर्किटिंग

Q 64) रेजिस्टेंस सीम वेल्डिंग में किस प्रकार के इलेक्ट्रोड का उपयोग किया जाता है?

1) फ्लैट

2) <u>डिस्क</u>

3) गुंबददार

4) नुकीला

Q 65) फ्लक्स को .... प्रक्रिया में उपयोग करने की आवश्यकता होती है।

1) टीआईजी

2) एमआईजी

3) पत्रिका

4) <u>देखा</u>

Q 66) 0.3% से 0.45% कार्बन वाले कार्बन स्टील के टुकड़ों को वेल्ड करने के लिए प्रीहीट तापमान क्या है?

1) 100 से 120 सी

2) 150 से 280 सी

3) 280 से 350 सी

4) 350 से 450 सी

Q 67) गैस वेल्डिंग में कार्बराइजिंग फ्लेम द्वारा आपूर्ति की गई कार्बन वेल्ड धातु बनाती है

....

1) कठिन

2) तन्य

3) भंगुर

4) कठोरऔरभंगुर

क्यू 68) तांबे को प्रतिरोध वेल्डिंग द्वारा वेल्ड करना मुश्किल है क्योंकि इसकी...

1) उच्चतापीयचालकता

2) उच्च विद्युत चालकता

3) उच्च क्रूरता

4) उच्च लचीलापन

प्रश्न 69) यदि कच्चा लोहा बिना पहले गर्म किए वेल्ड कर दिया जाए तो क्या होगा?

1) सरंध्रता

2) अंडरकट

3) क्रैक

4) ब्लोहोल्स

Q 70) पाइप सेक्शन को एंड-टू-एंड जोड़ने के लिए किस रेजिस्टेंस वेल्डिंग मशीन का उपयोग किया जाता है?

1) स्पॉट वेल्डिंग मशीन

2) प्रोजेक्शन वेल्डिंग मशीन

3) बटवेल्डिंगमशीन

4) सीम वेल्डिंग मशीन

Q 71) बट जॉइंट में रूट गैप (नीचे चित्र में g) सेट करने का क्या उद्देश्य है?

1) प्रवेशकीआवश्यकगहराईप्राप्तकरनेकेलिए

2) विकृति को नियंत्रित करने के लिए

3) उचित संरेखण बनाए रखने के लिए

4) अधिक धातु जमा करने के लिए

Q 72) कास्ट आयरन वेल्डिंग को जल्द से जल्द पूरा किया जाना चाहिए। यदि धीमी वेल्डिंग है

किया, यह जलने का कारण होगा............

1) लोहा और फास्फोरस

2) तांबा और लोहा

3) कार्बनऔरसिलिकॉन

4) सीसा और फास्फोरस

Q 73) स्पॉट वेल्डिंग में किस प्रकार के जोड़ का प्रयोग किया जाता है?

1) बट वेल्डिंग

2) गोदवेल्डिंग

3) कॉर्नर वेल्डिंग

4) एज वेल्डिंग

Q 74) यदि तीन या अधिक गैस सिलेंडरों को एक साथ जोड़ा जाता है, तो सिस्टम को .... कहा जाता है।

1) पोर्टेबल सिस्टम

2) समूह प्रणाली

3) कईगुनाप्रणाली

4) उच्च दबाव प्रणाली

Q 75) यदि गीले फर्श पर खड़े होकर वेल्डर आर्क वेल्डिंग कर रहा हो तो क्या हो सकता है?

1) जलने की चोट

2) बिजलीकाझटका

3) टांग पर कट

4) आँख की चोट

Q 76) कौन सा मुख्य कारक एकल V बट जोड़ में वेल्डिंग की लागत में मदद करेगा?

1) इस्तेमाल की जाने वाली बुनाई तकनीक

2) V . कासहीसम्मिलितकोण

3) चाप की लंबाई

4) इस्तेमाल किए गए वेल्डिंग करंट का प्रकार

Q 77) वेल्ड जॉइंट में फ्यूजन जोन के आगे के जोन को कहते हैं..

2) आसन्न क्षेत्र

3) गर्मीप्रभावितक्षेत्र

4) स्थानीय क्षेत्र

Q 78) इनमें से किस धातु की तापीय चालकता सबसे अधिक है?

1) माइल्ड स्टील

2) <u>तांबा</u>

3) एल्युमिनियम

4) जिंक

Q 79) ऑक्सी-एसिटिलीन काटने वाली मशाल टिप छिद्र को किस से साफ किया जाना चाहिए ....

1) <u>टिपक्लीनर</u>

2) तांबे का तार

3) स्टील के तार

4) छोटे आकार की ड्रिल

Q 80) आर्क वेल्डिंग में लांग आर्क के प्रयोग से बचने का एक कारण है ....

1) यह ओपन सर्किट वोल्टेज बढ़ाएगा

2) <u>यहबेसमेटलकेफ्यूज़नकीकमीदेगा</u>

3) जोड़ में दरारें आ जाएंगी

4) यह इलेक्ट्रोड की खपत में वृद्धि करेगा

Q 81) यदि किसी जोड़ को पूरा करने के लिए पासों की संख्या है तो विकृति पर क्या प्रभाव पड़ेगा?

बढ़ी हुई?

1) <u>इससेविकृतिबढ़ेगी</u>

2) यह विकृति को कम करेगा

3) विरूपण पर इसका कोई प्रभाव नहीं पड़ेगा

4) विरूपण पर इसका बहुत कम प्रभाव पड़ेगा

Q 82) रूट बेंड टेस्ट का उपयोग वेल्ड की मात्रा का परीक्षण करने के लिए किया जाता है ....

1) <u>लचीलापन</u>

2) बढ़ाव

3) कठोरता

4) प्रवेश

Q 83) जब पानी कैल्शियम कार्बाइड के साथ प्रतिक्रिया करता है, तो उत्पन्न होने वाली गैस ....

1) हाइड्रोजन

2) <u>एसिटिलीन</u>

3) आर्गन

4) मीथेन

Q 84) वेल्डिंग सिंबल में इस्तेमाल होने वाले सर्कल का मतलब है कि वेल्डिंग ....

1) यह सुनिश्चित करने के लिए कि बाद की जमाराशियां अच्छी हैं

2) जोड़केचारोंओरहोना

3) किसी भी अतिरिक्त प्रवाह को दूर करने के लिए

4) सबसे पहले तनाव दूर करने के लिए

क्यू 85) पाइप वेल्डिंग की आईजी स्थिति में, पाइप होना चाहिए ....

1) घुमायागया

2) झुका हुआ

3) क्षैतिज

4) लंबवत

Q 86) इनमें से कौन एक गैर-विनाशकारी परीक्षण है?

1)निक ब्रेक टेस्ट

2) प्रभाव परीक्षण

3) तन्यता परीक्षण

4) चुंबकीयकणपरीक्षण

Q 87) बेस मेटल का वह भाग जो वेल्डिंग के दौरान पिघलता नहीं है लेकिन उसका माइक्रोस्ट्रक्चर बदल गया है, __________ कहा जाता है

1) फ्यूजन जोन

2) गर्मीप्रभावितक्षेत्र

3) डेड जोन

4) गोधूलि क्षेत्र

Q 88) एक वेल्डेड जोड़ को गर्म करने के तुरंत बाद उसे गर्म करना कहा जाता है ..

1) पोस्टहीटिंग

2) विलंबित हीटिंग

3) देर से गर्म करना

4) तेज हीटिंग

Q 89) इनमें से किस वेल्डिंग प्रक्रिया में दानेदार फ्लक्स के उपयोग की आवश्यकता होती है?

1) छूत वेल्डिंग

2) मिग वेल्डिंग

3) जलमग्नचापवेल्डिंग

4) मैनुअल मेटल आर्क वेल्डिंग

Q 90) क्या होगा यदि TIG वेल्डिंग के दौरान, टंगस्टन इलेक्ट्रोड पिघल जाए और जमा हो जाए

जोड़ लगाने की धातु?

1) दरारें विकसित होंगी

2) खराब पैठ होगी

3) वेल्डधातुदूषितहोजाएगी

4) फ्यूजन की कमी होगी

Q 91) आर्क वेल्डिंग में इलेक्ट्रोड के अत्यधिक जलने का क्या कारण हो सकता है?

1)आर्क ब्लो

2) लंबी चाप लंबाई

3) निम्न गुणवत्ता वाले इलेक्ट्रोड

4) बहुतअधिकवेल्डिंगकरंट

Q 92) किस गैर-विनाशकारी परीक्षण के लिए किसी शक्ति स्रोत से आपूर्ति की आवश्यकता नहीं होती है?

1) एक्स-रे परीक्षण

2) अल्ट्रासोनिक परीक्षण

3) डाईपेनेट्रेंटटेस्ट

4) हाइड्रोलिक दबाव परीक्षण

Q 93) यदि आप विद्युत चाप को नग्न आंखों से देखते हैं तो क्या हो सकता है?

1) बिजली का झटका

2) आँखकीचोट

3) जलने की चोट

4) टांगों और हाथों पर काटना

Q 94) इनमें से कौन सा के वर्गीकरण और कोडिंग में शामिल कारकों में से एक है?

इलेक्ट्रोड?

1) फ्लक्सकोटिंगकाप्रकार

2) इलेक्ट्रोड की लंबाई

3) इलेक्ट्रोड का कोर व्यास

4) इलेक्ट्रोड का आवश्यक बेकिंग तापमान

Q 95) किसी धातु का वह गुण जो उसे बिना टूटे खिंचाव, मोड़ या मुड़ने में सक्षम बनाता है, कहलाता है...

1) लचीलापन

2) लचीलापन

3) कठोरता

4) कठोरता

Q 96) वेल्ड निरीक्षण का कौन सा तरीका सबसे सस्ता है?

1) रेडियोग्राफी

2) अल्ट्रासोनिक परीक्षण

3) चुंबकीय कण परीक्षण

4) दृश्यपरीक्षा

Q 97) जलमग्न चाप वेल्डिंग में किस प्रकार के भराव तार का उपयोग किया जाता है?

1) नंगेतार

2) हल्के से लेपित तार

3) भारी लेपित वायर्ड

4) फ्लक्स कोर्ड तार

Q 98) इनमें से कौन प्लास्टिक वेल्डिंग का एक उदाहरण है?

1) आर्क वेल्डिंग

2) गैस वेल्डिंग

3) फोर्जवेल्डिंग

4) थर्मिट वेल्डिंग

क्यू 99) डबल वी या डबल यू एज तैयारी का उपयोग आम तौर पर किया जाता है यदि प्लेटों की मोटाई

वेल्डेड होना है ....

1) 1 - 5 मिमी

2) 5 - 10 मिमी

3) 10 - 15 मिमी

4) 15 मिमी . सेअधिक

Q 100) गैस वेल्डिंग ब्लोपाइप का सिरा .... का बना होता है।

1) पीतल

2) कांस्य

3) तांबा

4) माइल्ड स्टील

Q 101) इनमें से कौन एक अस्थायी जोड़ है?

1) वेल्डेड संयुक्त

2) प्रेसफिटजॉइंट

3) ब्रेज़्ड जोड़

4) रिवेटेड जॉइंट

Q 102) एक सिलेंडर में एसिटिलीन गैस को उच्च स्तर पर स्टोर करने के लिए किस स्टोरेज माध्यम का उपयोग किया जाता है?

दबाव?

1)पेट्रोलियम जेली

2) मिट्टी का तेल

3) एसीटोन

4) पानी

क्यू 103) सुरक्षा की दृष्टि से गैस सिलेंडर और रेगुलेटर पर कभी भी .... का प्रयोग न करें।

1) रिंच

2) तेल

3) टेफ्लॉन टेप

4) लीक डिटेक्टर

Q 104) किस ऑक्सी-एसिटिलीन ज्वाला में ईंधन गैस की अधिकता होती है?

1) ऑक्सीकरण ज्वाला

2) कार्बराइजिंगफ्लेम

3) तटस्थ लौ

4) मानक लौ

Q 105) वायुमंडल में सबसे आम (अधिकतम प्रतिशत) गैस कौन सी है?

1) ऑक्सीजन

2) नाइट्रोजन

3) कार्बन डाइऑक्साइड

4) मीथेन

Q 106) विद्युत परिपथ धारा के प्रवाह द्वारा लिया गया पथ है। बिना विराम वाले पथ को कहते हैं

....

1) क्लोज्डसर्किट

2) ओपन सर्किट

3) सीमित सर्किट

4) सतत परिपथ

Q 107) उष्मा को .... नामक इकाइयों में मापा जाता है।

1) न्यूटन

2) जूल

3) वाट

4) सेल्सियस

Q 108) गैस वेल्डिंग टॉर्च जलाने के लिए हमेशा .... का उपयोग करें।

1) माचिस

2) स्ट्राइकर

3) इलेक्ट्रिक आर्क

4) सिगरेट लाइटर

Q 109) विद्युत परिपथ में प्रवाहित होने वाली धारा की मात्रा से क्या संबंध है?

1) वोल्ट

2) एम्पीयर

3) ओह्म

4) हर्ट्ज़

Q 110) गैस वेल्डिंग टार्च की नोक को साफ करने के लिए किसका प्रयोग करना चाहिए?

1) स्टील के तार

2) तांबे का तार

3) कॉपर लेपित इस्पात तार

4) टिपक्लीनर

Q 111) निम्नलिखित में से किसकी तापीय चालकता अपेक्षाकृत अधिक है?

1) जिंक

2) माइल्ड स्टील

3) तांबा

4) एल्युमिनियम

Q 112) ऑक्सी-एसिटिलीन वेल्डिंग के मामले में, ऑक्सीजन सिलेंडरों को पेंट किया जाता है।

1) सफेद

2) काला

3) मरून

4) लाल

क्यू 113) कौन सी गैस वेल्डिंग लौ फेरस और अलौह दोनों को वेल्ड करने के लिए बेहतर है

धातु?

1) ऑक्सी-एलपीजी लौ

2) ऑक्सी-एसिटिलीनज्वाला

3) ऑक्सी-हाइड्रोजन ज्वाला

4) वायु-एसिटिलीन ज्वाला

Q 114) वेल्ड बीड से स्लैग हटाने के लिए क्या प्रयोग किया जाता है?

1) मैलेट

2) छिलनेवालाहथौड़ा

3) पंजा हथौड़ा

4) स्लेज हैमर

प्रश्न 1) वेल्डिंग की दुकान की दीवारों को रंगना चाहिए

1) गहरारंग

2) सफेद रंग

3) रंग प्रतिबिंबित करना

4) इनमें से कोई नहीं

प्रश्न 2) सुरक्षा के उद्देश्य से, क्या अच्छा अभ्यास नहीं है?

1) सिलेंडरकीफिटिंगपरतेलयाग्रीसकाप्रयोगकरें

2) सिलिंडर को ठंडा रखें

3) सिलेंडरों को रोलर्स के रूप में उपयोग न करें

4) सिलिंडरों को आँवले के रूप में प्रयोग न करें

Q 3) हस्तचालित धातु चाप वेल्डिंग में चाप की लंबाई कितनी होनी चाहिए?

1) लगभगइलेक्ट्रोडवायरडायाकेबराबर।

2) लगभग आधे इलेक्ट्रोड वायर डाया के बराबर।

3) लगभग डबल एलेक्रोड वायर डाया के बराबर

4) लगभग 1.5 गुना इलेक्ट्रोड वायर डाया के बराबर।

Q 4) इनमें से कौन सी इलेक्ट्रोड कोटिंग वेल्डिंग के दौरान अतिरिक्त वेल्ड धातु प्रदान करती है?

1) लौहचूर्णइलेक्ट्रोड

2) खनिज सिलिकेट

3) कैल्शियम फ्लोराइड

4) धातु कार्बोनेट

Q 5) डाई पेनेट्रेंट टेस्ट में, तरल डाई को असंततता से बाहर निकाला जाता है जिसके आधार पर

गतिविधि?

1) हीटिंग

2) कूलिंग

3) सक्शन

4) केशिका

क्यू 6) गैस सिलेंडर पर रेगुलेटर लगाने से पहले, वाल्व को एक चौथाई मोड़ पर खोला जाता है और फिर

तुरंत बंद कर दिया। इस क्रिया को क्या कहते हैं?

1) चेकिंग

2) सेटिंग

3) परीक्षण

4) क्रैकिंग

Q 7) नीचे दी गई आकृति में, A और B को पहचानिए।

1) ए - ढलान; बी - रोटेशन

2) ए - झुकाव; बी - रोटेशन

3) ए - ढलान; बी - उलटा

4) ए - कोण; बी - टर्निंग

क्यू 8) एक वेल्डेड जोड़ को वाइस पर लगाया जाता है और हथौड़े से घुमाया जाता है। इस परीक्षण को क्या कहा जाता है?

1) फ्रीबेंडटेस

2) निक ब्रेक टेस्ट

3) पट्टिका फ्रैक्चर परीक्षण

4) इनमें से कोई नहीं

Q 9) एक वेल्डेड जोड़ को लंबे समय तक वैकल्पिक रूप से पुश और पुल बलों के अधीन किया जाता है। इस परीक्षण को क्या कहा जाता है?

1) प्रभाव परीक्षण

2) तन्यता परीक्षण

3) थकानपरीक्षण

4) कठोरता परीक्षण

Q 10) नीचे दिखाए गए वेल्डिंग सर्किट में, 2 क्या दर्शाता है?

1) प्राथमिक वाइंडिंग

2) सेकेंडरीवाइंडिंग

3) वर्तमान नियामक

4) दिष्टकारी

Q 11) वेल्डिंग सिंबल में 7 तत्व होते हैं। उनमें से कौन-सा नहीं है?

1)संदर्भ पंक्ति

2) तीर

3) आयाम और अन्य विवरण

4) सहायकप्रतीक

Q 12) कौन सी धातु कमरे के तापमान पर भी आसानी से ऑक्सीकृत हो जाती है?

1) कोप्पे

2) एल्युमिनियम

3) क्रोमियम

4) <u>येसभी</u>

Q 13) नीचे दिए गए चित्र में किस वेल्डिंग प्रक्रिया को दिखाया गया है?

1) मिग वेल्डिंग

2) <u>जलमग्नचापवेल्डिंग</u>

3) एमएजी वेल्डिंग

4) थर्मिट वेल्डिंग

Q 14) फाइल का कौन सा भाग कठोर और टेम्पर्ड होता है?

1) हैंडल

2)तांग

3) सामी

4) <u>शरीर</u>

प्र 15) हैकसॉ ब्लेड के कुछ स्ट्रोक के बाद ढीले होने का क्या कारण हो सकता है?

1) <u>ब्लेडफैलाहुआहै</u>

2) विंग नट खराब हो गया है

3) ब्लेड की पिच गलत है

4) आरी के सेट का चयन गलत है

Q 16) मध्यम कार्बन स्टील की वेल्डिंग में किस कठिनाई का सामना करना पड़ सकता है?

1) वेल्ड धातु भंगुर हो जाती है

2) वेल्ड धातु कठोर हो जाती है

3) तेजी से ठंडा होने पर यह फट जाएगा

4) <u>येसभी</u>

Q 17) ऑक्सी-एसिटिलीन ज्वाला को कार्बोराइजिंग करके आपूर्ति किए गए कार्बन का क्या प्रभाव है?

1) यह वेल्ड को सख्त बनाता है

2) यह वेल्ड को नमनीय बनाता है

3) यह धातु को भंगुर बनाता है

4) <u>यहधातुकोकठोरऔरभंगुरबनाताहै</u>

क्यू 18) एक वेल्ड मनका के अंत में, इलेक्ट्रोड को लगभग 10 मिमी . के लिए पीछे की ओर ले जाया जाता है

इलेक्ट्रोड कोण को धीरे-धीरे 70 डिग्री से 90 डिग्री तक बढ़ाना। यह तकनीक क्यों लागू की जाती है?

1) विकृति को कम करने के लिए

2) अंडरकट्स से बचने के लिए

3) गड्ढासेबचनेकेलिए

4) धातुमल को शामिल करने से बचने के लिए

Q 19) आर्क वेल्डिंग द्वारा एकल V बट जोड़ में कोणीय विकृति (नीचे चित्र) से बचने के लिए कौन सी विधि उपयुक्त है?

1) स्किप वेल्डिंग का उपयोग करके

2) भागोंकोस्थितिसेबाहरढूंढकर

3) आंतरायिक वेल्डिंग द्वारा

4) विचलन भत्ता रखने से

Q 20) टांकने के दौरान काम ज़्यादा गरम हो गया। ओवरहीटिंग के कारण होने वाली समस्या को दूर करने के लिए आप टॉर्च में किस प्रकार हेरफेर करेंगे?

1) फ्लेमकोनऔरजॉबकेबीचगैपबढ़ाएं

2) मशाल कोण बढ़ाएँ

3) वेल्डिंग की गति कम करें

4) वेल्डिंग की गति बढ़ाएं

क्यू 21) जबकि ऑक्सी-एसिटिलीन लौ द्वारा हल्के स्टील प्लेटों को काटना आसान है, ऐसा नहीं है

एल्यूमीनियम प्लेटें। क्यों?

1) एल्युमिनियम को गर्म करने पर उसके रंग में कोई परिवर्तन नहीं होता है

2) एल्युमिनियमऑक्साइडकागलनांकअधिकहोताहै

3) एल्युमिनियम का गलनांक कम होता है

4) एल्युमिनियम का ऊष्मीय प्रसार अधिक होता है

Q 22) एक टूटे हुए लोहे के टुकड़े की मरम्मत गैस वेल्डिंग द्वारा की जानी है। आप वेल्डिंग के दौरान दरार के विस्तार को कैसे नियंत्रित करेंगे?

1) पहले से गरम करके

2) दरार को ग्रो करके

3) दरार के दोनों सिरों पर टकटकी लगाकर

4) दरारकेदोनोंसिरोंपरड्रिलिंगकरके

Q 23) उच्च दाब पर सिलेंडर में एसिटिलीन को स्टोर करने के लिए किस सुरक्षित भंडारण माध्यम का उपयोग किया जाता है?

1) पानी

2) एसीटोन

3) मिट्टी का तेल

4) पेट्रोलियम जेली

Q 24) वर्कशॉप में गैस सिलेंडर को एक जगह से दूसरी जगह ले जाने के लिए ट्रॉली का इस्तेमाल करना सबसे अच्छा होता है। यदि ट्रॉली उपलब्ध नहीं है, तो सिलिंडर को किस प्रकार स्थानांतरित किया जाना चाहिए?

1) खींचकर

2) रोल करके

3) फिसलने से

4) एककोणपरझुककरऔरचलतेहुए

Q 25) ब्रेज़्ड की जाने वाली प्लेटों के बीच गैप होने पर जोड़ पर क्या प्रभाव पड़ेगा अधिक?

1) कम विकृति

2) कमकेशिकाक्रिया

3) अधिक संयुक्त शक्ति

4) बेहतर संयुक्त उपस्थिति

Q 26) पाइप वेल्डिंग की स्थिति क्या है जैसा कि नीचे दिए गए चित्र में दिखाया गया है?

1) 1जी

2) 2जी

3) 5जी

4) 6जी

Q 27) नीचे दिया गया चित्र ऑक्सी-एसिटिलीन कटिंग से संबंधित है। इसमें कहा गया है कि सही दूरी बनाए रखें। यह कितना होना चाहिए?

1) 1 मिमी

2) 5 मिमी

3) 10 मिमी

4) 20 मिमी

Q 28) गैस वेल्डिंग की तकनीक क्या है जैसा कि नीचे दिए गए चित्र में दिखाया गया है?

1) वाम-वार्ड वेल्डिंग

2) राइट-वार्डवेल्डिंग

3) साइड-वार्ड वेल्डिंग

4) सामान्य वेल्डिंग

क्यू 29) 150 एम्पीयर करंट के साथ आर्क वेल्डिंग के लिए उपयोग किए जाने वाले फिल्टर ग्लास की छाया संख्या क्या होनी चाहिए?

1) छाया संख्या 6

2) छाया संख्या 8

3) छायासंख्या...... 10

4) छाया संख्या 22

Q 30) वेल्डिंग के मामले में ओपन सर्किट वोल्टेज सामान्य रूप से .... के बीच होता है

ट्रांसफार्मर

1) 50 - 70 वी

2) 70 - 90 वी

3) 90 - 110 वी

4) 110 - 130 वी

Q 31) वेल्डिंग के मामले में ओपन सर्किट वोल्टेज सामान्य रूप से .... के बीच होता है

दिष्टकारी।

1) 30 - 60 वी

2) 50 - 80 वी

3) 80 - 110 वी

4) 110 - 140 वी

Q 32) गैस सिलेंडर पर रेगुलेटर लगाने से पहले, वाल्व को पल भर में खोला जाता है और फिर तुरंत बंद कर दिया जाता है। इसका मकसद गंदगी को साफ करना है। इस क्रिया को क्या कहते हैं?

1) चेकिंग

2) समाशोधन

3) क्रैकिंग

4) सफाई

Q 33) निक ब्रेक टेस्ट द्वारा टी-फिलेट वेल्ड में किस दोष का पता लगाया जा सकता है?

1) क्रेटर दरारें

2) सतही दरारें

3) जड़पैठकाअभाव

4) अपर्याप्त गले की मोटाई

Q 34) भारतीय मानकों के अनुसार, इलेक्ट्रोड कोडिंग में दो अक्षर होते हैं जिसके बाद 4 अंकों की संख्या होती है। चौथे अंक द्वारा क्या विवरण दिया गया है?

1) तन्यता ताकत

2) वेल्डिंग की स्थिति

3) प्रतिशत बढ़ाव

4) वेल्डिंगचालूऔरवोल्टेजकीस्थिति

Q 35) ऑक्सी-एसिटिलीन काटने वाली मशाल का उपयोग आसानी से काटने के लिए किया जा सकता है ....

1) स्टेनलेस स्टील

2) कास्ट आयरन

3) कार्बनस्टील

4) एल्युमिनियम

Q 36) आर्क वेल्डिंग में, आर्क ब्लो की समस्या से बचा जा सकता है ....

1) एसीवेल्डिंगमशीनकाउपयोगकरना

2) नंगे इलेक्ट्रोड का उपयोग करना

3) चाप की लंबाई बढ़ाना

4) पृथ्वी कनेक्शन से दूर वेल्डिंग

Q 37) इलेक्ट्रोड की कोडिंग में, इलेक्ट्रोड की रेडियोग्राफिक गुणवत्ता को अक्षर द्वारा दर्शाया जाता है

1) ए

2) एक्स

3) वाई

4) जेड

Q 38) कास्ट आयरन के फ्यूजन वेल्डिंग में किस प्रकार के फ्लक्स कोटेड इलेक्ट्रोड का उपयोग किया जाता है?

1) मूलप्रकार

2) रूटाइल प्रकार

3) सेलूलोज़ प्रकार

4) आयरन ऑक्साइड प्रकार

Q 39) आर्क वेल्डिंग में उपयोग किए जाने वाले अर्थ क्लैंप का क्या कार्य है?

1) वेल्डिंग के दौरान इलेक्ट्रोड को मजबूती से पकड़ें

2) वेल्डिंग के दौरान इलेक्ट्रोड को मजबूती से कनेक्ट करें

3) अर्थिंगकेबलकोवर्कपीससेकनेक्टकरें

4) अर्थिंग केबल से इलेक्ट्रोड तक करंट का संचालन करें

Q 40) आर्क वेल्डिंग मशीन की क्षमता .... द्वारा इंगित की जाती है

1) ओपन सर्किट वोल्टेज

2) क्लोज्ड सर्किट वोल्टेज

3) एम्पीयर में इनपुट करंट

4) एम्पीयरमेंआउटपुटकरंट

Q 41) वेल्डिंग हेलमेट को काले रंग का क्यों बनाया जाता है?

1) यह मनभावन रूप देता है

2) यह प्रकाश को बेहतर ढंग से दर्शाता है

3) यहप्रकाशकोअवशोषितकरताहै

4) यह इसकी लागत को कम करता है

Q 42) बॉल पीन हैमर द्वारा निर्दिष्ट किया जाता है ....

1) इसकावजन

2) इसके हैंडल की लंबाई

3) इसके चेहरे का आकार

4) इसके सिर की सामग्री

wd Welding

welding defects Distortion Defects

वेल्डिंग दोष

Q 43) पाइपों की वेल्डिंग से पहले, पाइपों के बीच 1.5 मिमी मुड़ा हुआ तार लगाया जाता है। इसका उद्देश्य क्या है?

1) वेल्डिंग दोषों को रोकने के लिए

2) एकसमानअंतरबनाएरखनेकेलिए

3) वेल्ड की ताकत बढ़ाने के लिए

4) विरूपण को रोकने के लिए

Q 44) चाप वेल्डिंग में लंबे चाप होने का क्या प्रभाव होता है?

1) चापअस्थिरहोजाताहै

2) धातु का निक्षेपण सही है

3) इलेक्ट्रोड समान रूप से जलता है

4) इलेक्ट्रोड बर्निंग में कोई अपव्यय नहीं होता है

Q 45) किस वेल्डिंग मशीन में कम्यूटेटर का एक भाग होता है?

1) मोटरजनरेटरसेट

2) वेल्डिंग ट्रांसफार्मर

3) वेल्डिंग दिष्टकारी

4) इंजन चालित सेट

Q 46) यह एक वेल्डेड जोड़ में वह क्षेत्र है जो पिघल नहीं गया है लेकिन इसकी सूक्ष्म संरचना है

बदला हुआ।

1) स्थानीय क्षेत्र

2) आधार क्षेत्र

3) <u>गर्मीप्रभावितक्षेत्र</u>

4) शीत क्षेत्र

Q 47) गैस वेल्डिंग में दायीं ओर की तकनीक में मशाल का वर्कपीस की ओर झुकाव है....................

1) 30° 40°

2) <u>40° 50°</u>

3) 50° 60°

4) 60° 70°

Q 48) गैस सिलेंडर पर दिए गए गैस रेगुलेटर का क्या कार्य है?

1) विभिन्न प्रकार की लपटों को प्राप्त करने के लिए

2) गैसों को आवश्यक अनुपात में मिलाना

3) गैस आपूर्ति की मात्रा में परिवर्तन करने के लिए

4) <u>कामकादबावसेटकरनेकेलिए</u>

Q 49) किस वेल्डिंग पोजीशन में फिलर मेटल डिपोजिशन की दर अधिक होती है?

1) <u>समतलस्थिति</u>

2) लंबवत स्थिति

3) क्षैतिज स्थिति

4) ओवरहेड स्थिति

प्रश्न 1) प्रतिरोध वेल्डिंग में

औद्योगिक प्रशिक्षण संस्थान

मासिक टेस्ट-1, अंक- 20, दिनांकः- ____________________

(प्रत्येक प्रश्न दो अंक का होता है)

1) कोई चाप नहीं बनता है

2) धारा के पारित होने से ऊष्मा उत्पन्न होती है

3) कोई भराव धातु का उपयोग नहीं किया जाता है

4) ये सभी/ ये सभी

Q 2) इनमें से कौन वेल्डिंग में होने वाली एक प्रकार की विकृति नहीं है?

1) रेडियल विरूपण

2) अनुदैर्ध्य विकृति

3) कोणीय विकृति

4) अनुप्रस्थ विकृति /

क्यू 3) नीचे दिखाए गए वेल्ड मनका में दोष की पहचान करें।

1) ब्लोहोल

2) फ्यूजन की कमी

3) पैठ की कमी

4) सरंध्रता

Q 4) TIG वेल्डिंग में वेल्डिंग टार्च का कार्य है

1) वर्तमान को वेल्ड क्षेत्र में ले जाने के लिए

2) परिरक्षण गैस को वेल्ड क्षेत्र में ले जाने के लिए

3) ठंडा पानी ले जाने के लिए

4) ये सभी

Q 5) प्लेटों को संरेखण में रखने के लिए वेल्डिंग से पहले किए गए एक छोटे वेल्ड को कहा जाता है

1) टैक वेल्ड

2) सिलाई वेल्ड

3) टैग वेल्ड

4) अस्थायी वेल्ड

क्यू 6) वेल्ड को नष्ट किए बिना वेल्ड की गुणवत्ता का निर्धारण, एक विधि है जिसे कहा जाता है

1) टीडीटी

2) एनडीटी

3) पीडीटी

4) क्यूडीटी

Q 7) इनमें से कौन दबाव के साथ वेल्डिंग की एक विधि है?

1) गैस वेल्डिंग

2) प्रतिरोध वेल्डिंग

3) मैनुअल मेटल आर्क वेल्डिंग

4) थर्मिट (फ्यूजन) वेल्डिंग

Q 8) इनमें से कौन एक अस्थायी जोड़ है?

1) प्रेस फिट जॉइंट

2) वेल्डेड संयुक्त

3) ब्रेज़्ड जोड़

4) रिवेटेड जॉइंट

Q 9) इनमें से कौन आर्क वेल्डिंग सर्किट का घटक नहीं है?

1) शक्ति स्रोत

2) वेल्डिंग केबल

3) जिगो

4) इलेक्ट्रोड के साथ इलेक्ट्रोड धारक

Q 10) जैसे-जैसे वेल्डिंग चाप की लंबाई बढ़ती है

1) ऑपरेटिंग वोल्टेज बढ़ता है

2) ऑपरेटिंग वोल्टेज घटता है

3) ऑपरेटिंग वोल्टेज वही रहता है

4) ऑपरेटिंग वोल्टेज बढ़ या घट सकता है

औद्योगिक प्रशिक्षण संस्थान

मासिक टेस्ट -2, अंक- 20, तिथि:- _______________

(प्रत्येक प्रश्न दो अंक का होता है)

Q 11) इनमें से किसका उपयोग वेल्ड बीड के आकार और आकार की जांच के लिए किया जाता है?

1) वेल्ड संकेतक

2) वेल्ड टेम्पलेट

3) वेल्ड गेज

4) वेल्ड डायल

Q 12) इनमें से कौन सी मशीन AC को DC में बदल देती है?

1) एम्पलीफायर

2) इन्वर्टर

3) रेक्टिफायर

4) ट्रांसफार्मर

Q 13) आर्क ब्लो की समस्या तब आती है जब

1) ट्रांसफॉर्मर का उपयोग वेल्डिंग के लिए किया जाता है

2) डीसी बिजली की आपूर्ति वेल्डिंग के लिए प्रयोग की जाती है

3) जब वेल्डिंग के लिए रेक्टिफायर का उपयोग किया जाता है

4) उपरोक्त में से कोई भी प्रयोग किया जाता है

Q 14) नीचे दिखाए गए गैस कटिंग टार्च की आकृति में, कौन सा घटक ऑक्सीजन काटने के प्रवाह को नियंत्रित करता है?

1) ऑक्सीजन काटने का प्रवाह A द्वारा नियंत्रित होता है

2) ऑक्सीजन काटने का प्रवाह B . द्वारा नियंत्रित होता है

3) ऑक्सीजन काटने का प्रवाह C . द्वारा नियंत्रित होता है

4) ऑक्सीजन काटने का प्रवाह D . द्वारा नियंत्रित होता है

Q 15) विद्युत क्षमता को नाम से भी जाना जाता है/ iv द्युत माता को ________ नाम से

1) विद्युत बल

2) इलेक्ट्रोमोटिव बल

3) इलेक्ट्रोलाइटिक बल

4) विद्युत चुम्बकीय बल

Q 16) उस प्रतिरोध वेल्डिंग प्रक्रिया का नाम बताइए जिसमें दो पहियों का उपयोग किया जाता है।

1) साइलेंट बट वेल्डिंग

2) फ्लैश बट वेल्डिंग

3) सीवन वेल्डिंग

4) प्रोजेक्शन वेल्डिंग

Q 17) स्पॉट वेल्डिंग में इलेक्ट्रोड किससे बने होते हैं?

2) तांबा

3) टंगस्टन

4) टिन

Q 18) इनमें से किस धातु को TIG वेल्डिंग द्वारा वेल्ड किया जा सकता है?

1) तांबा

2) एल्युमिनियम

3) स्टेनलेस स्टील

4) ये सभी

Q 19) तांबे की TIG वेल्डिंग के लिए कौन सी परिरक्षण गैस पसंद की जाती है?

1) आर्गन

2) हीलियम

3) आर्गन और हीलियम का मिश्रण

4) आर्गन और हीलियम दोनों समान रूप से अच्छे हैं

क्यू 20) एल्युमिनियम की टीआईजी वेल्डिंग के लिए, का उपयोग करें

1) इलेक्ट्रोड पॉजिटिव वाला DC बेहतर परिणाम देता है

2) इलेक्ट्रोड नकारात्मक के साथ डीसी बेहतर परिणाम देता है

3) एसी बेहतर परिणाम देता है

4) उपरोक्त में से कोई भी एक अच्छा परिणाम देगा

औद्योगिक प्रशिक्षण संस्थान

मासिक टेस्ट-3, अंक- 20, दिनांक:- ________________

(प्रत्येक प्रश्न दो अंक का होता है)

Q 21) इनमें से कौन सी हाई स्पीड वेल्डिंग प्रक्रिया नहीं है?

1) जलमग्न चाप वेल्डिंग

2) मिग वेल्डिंग

3) एमएजी वेल्डिंग

4) गैस वेल्डिंग

Q 22) MIG वेल्डिंग प्रक्रिया के बारे में क्या सही नहीं है?

1) कोई धातुमल नहीं बनता है

2) इलेक्ट्रोड के लगातार परिवर्तन की आवश्यकता नहीं है

3) आवश्यक उपकरण महंगा है

4) धातु के जमाव की दर धीमी होती है

क्यू 23) चित्र नीचे गैस काटने की प्रक्रिया को दर्शाता है। Kerf द्वारा दर्शाया गया है

1) केर्फ को ए . द्वारा दर्शाया गया है

2) केर्फ को बी द्वारा दर्शाया गया है

3) केर्फ को सी . द्वारा दर्शाया गया है

4) केर्फ़ को डी . द्वारा दर्शाया गया है

क्यू 24) नीचे दिखाए गए अनुसार एमआईजी वेल्डिंग में धातु हस्तांतरण के प्रकार की पहचान करें:

1) डुबकी हस्तांतरण

2) स्प्रे ट्रांसफर

3) गोलाकार स्थानांतरण

4) इनमें से कोई नहीं

Q 25) कैल्शियम कार्बाइड का रासायनिक सूत्र क्या है?

1) सीएसी

2) सीएसी2

3) सीए2सी

4) Ca2C2

Q 26) इनमें से कौन कम करने वाला एजेंट या डीऑक्सीडेंट है?

1) सिलिकॉन

2) मैंगनीज

3) उपरोक्त दोनों

4) इनमें से कोई नहीं

Q 27) यदि कोई धातु प्रवेश का विरोध करती है, तो वह है

1) कठिन

2) भंगुर
3) कठोर
4) तन्य
क्यू 28) चित्राबेलो एक ट्रांसफॉर्मर का सरलीकृत आरेख है।
1) इसमें B ने आयरन कोर को दर्शाया है
2) इसमें B कॉपर कोर को दर्शाता है
3) इसमें बी स्टील कोर को इंगित करता है
4) इसमें B कोर को रेगुलेट करने का संकेत देता है
Q 29) वेल्डिंग से पहले कच्चा लोहा पहले से गरम क्यों किया जाता है?
1) सिकुड़न से बचने के लिए
2) क्रैकिंग से बचने के लिए
3) सख्त होने से बचने के लिए
4) उपरोक्त सभी को सुनिश्चित करने के लिए
Q 30) आर्क वेल्डिंग में क्लोज्ड बट जॉइंट का उपयोग प्लेटेड तक तक किया जाता है
1) 3 मिमी मोटी
2) 5 मिमी मोटी
3) 8 मिमी मोटी
4) 10 मिमी मोटी

औद्योगिक प्रशिक्षण संस्थान

मासिक टेस्ट -4, अंक- 20, दिनांक:- ______________

(प्रत्येक प्रश्न दो अंक का होता है)

Q 31) वह परीक्षण जिसमें बिजली के उपयोग की आवश्यकता नहीं होती है
1) एक्स-रे परीक्षण
2) डाई प्रवेशक परीक्षण
3) अल्टासोनिक परीक्षण
4) हाइड्रोलिक दबाव परीक्षण
क्यू 32) चाप समय क्या है?
1) चाप वेल्डिंग ऑपरेशन के दौरान चाप चालू होने का समय
2) कुल समय कार्यकर्ता को काम में लगाया जाता है
3) गैर चाप समय
4) कुल चाप और गैर-चाप समय
क्यू 33) नीचे दिखाए गए जोड़ को पहचानें
1) एज जॉइंट
2) कॉर्नर जॉइंट

3) प्लग संयुक्त

4) स्लॉट संयुक्त

Q 34) गैस वेल्डिंग में प्रयुक्त फ्लक्स के बारे में क्या सही नहीं है?

1) यह फ्यूसिबल है

2) यह रासायनिक यौगिक है

3) यह ऑक्साइड को घोलता है

4) इनमें से कोई नहीं

Q 35) जब गैस वेल्डिंग, फ्लक्स की आवश्यकता नहीं होती है ......

1) एल्युमिनियम

2) माइल्ड स्टील

3) तांबा

4) पीतल

क्यू 36) वेल्ड की दृश्य परीक्षा दोष का पता लगाने में मदद कर सकती है

1) अंडरकट

2) अनुचित प्रोफ़ाइल

3) अधूरी पैठ

4) ये सभी

Q 37) नीचे दिए गए चित्र में दिखाया गया पाइप जोड़ किस प्रकार का है?

1) टी जॉइंट

2) निकला हुआ किनारा संयुक्त

3) वाई संयुक्त

4)शाखा जोड़

Q 38) ऑक्सी-एसिटिलीन कटिंग में प्रयुक्त कटिंग नोजल का आकार मुख्य रूप से निर्भर करता है

1) काटे जाने वाली धातु की मोटाई

2) ऑक्सीजन की शुद्धता

3) कट की अवधि

4) कटिंग ब्लोपाइप का प्रकार

प्र 39) ब्लोपाइप के छिद्र को कैसे साफ करना चाहिए?

1) नरम स्टील के तार का प्रयोग करें

2) नरम तांबे के तार का प्रयोग करें

3) टिप क्लीनर का प्रयोग करें

4) एक छोटे व्यास की ड्रिल का प्रयोग करें

Q 40) वायुमंडलीय वायु का अधिकांश भाग किसके द्वारा लिया जाता है?

1) ऑक्सीजन

2) नाइट्रोजन

3) हाइड्रोजन

4) आर्गन

औद्योगिक प्रशिक्षण संस्थान

मासिक टेस्ट -5, अंक- 20, तिथि:- ______________

(प्रत्येक प्रश्न दो अंक का होता है)

Q 41) इलेक्ट्रोड कोड के अंत में प्रत्यय के रूप में प्रयुक्त अक्षर H इंगित करता है कि यह ....

1) भारी लेपित इलेक्ट्रोड

2) कम हाइड्रोजन इलेक्ट्रोड

3) लौह चूर्ण इलेक्ट्रोड

4) उच्च तन्यता ताकत इलेक्ट्रोड

Q 42) वेल्ड के प्रतिशत बढ़ाव का पता लगाने के लिए कौन सा परीक्षण किया जाता है?

1) निर्देशित मोड़ परीक्षण

2) तन्यता परीक्षण

3) थकान परीक्षण

4) प्रभाव परीक्षण

Q 43) दृश्य परीक्षा द्वारा किस वेल्डिंग दोष का आसानी से पता लगाया जा सकता है?

1) फ्यूजन की कमी

2) वेल्डेड भागों का गलत संरेखण

3) इंटर-बीड स्लैग समावेशन

4) टी - पट्टिका वेल्ड में जड़ दोष

Q 44) MIG/MAG वेल्डिंग में लंबे इलेक्ट्रोड स्टिक-आउट का क्या प्रभाव होगा?

1) अतिरिक्त वेल्ड धातु

2) कम वेल्ड धातु

3) वेल्ड मेटल रफ

4) वेल्ड धातु चिकनी

Q 45) GMAW में कौन सी अक्रिय गैस अधिक स्थिर चाप उत्पन्न करेगी?

1) आर्गन

2) हीलियम

3) कार्बन डाइऑक्साइड

4) ये सभी समान रूप से स्थिर चाप उत्पन्न करते हैं

Q 46) जलमग्न चाप वेल्डिंग में कौन सा ऑपरेटिंग चर चाप की लंबाई को नियंत्रित करता है?

1) वेल्डिंग की गति

2) वेल्डिंग वोल्टेज

3) वेल्डिंग चालू

4) इलेक्ट्रोड तार विस्तार

Q 47) TIG वेल्डिंग प्रक्रिया में 1.5 मिमी व्यास के टंगस्टन इलेक्ट्रोड के लिए गैस नोजल का आकार क्या है?

1) 10 मिमी व्यास

2) 12 मिमी व्यास

3) 14 मिमी व्यास

4) 16 मिमी व्यास

Q 48) नीचे दिए गए चित्र में दिखाए गए मनके में वेल्ड दोष की पहचान करें।

1) सरंध्रता

2) स्लैग समावेश

3) फ्यूजन की कमी

4) पैठ की कमी

Q 49) वेल्डिंग में लॉन्ग आर्क के इस्तेमाल से बचने का एक कारण ....

1) यह बेस मेटल में फ्यूजन की कमी देता है

2) यह ओपन सर्किट वोल्टेज बढ़ाता है

3) यह वेल्ड में दरार की संभावना को बढ़ाता है

4) यह इलेक्ट्रोड की खपत को बढ़ाता है

Q 50) किस एनडीटी के आवेदन के लिए बिजली की आवश्यकता नहीं होती है?

1) एक्स-रे परीक्षण

2) डाई पेनेट्रेंट टेस्ट

3) अल्ट्रासोनिक परीक्षण

4) हाइड्रोलिक दबाव परीक्षण

औद्योगिक प्रशिक्षण संस्थान

मासिक टेस्ट -6, अंक- 20, तिथिः- ________________

(प्रत्येक प्रश्न दो अंक का होता है)

Q 51) मुख्य लाभ जिसके कारण आयरन पाउडर इलेक्ट्रोड का उपयोग किया जाता है, वह है ....

1) वेल्ड को पूरा करने में लगने वाला समय कम हो जाता है

2) वेल्ड में कोई दरार नहीं होगी

3) फ्लक्स कोटिंग मजबूत हो जाती है

4) धारा के प्रवाह का प्रतिरोध कम हो जाता है

Q 52) जलमग्न चाप वेल्डिंग के बारे में कौन सा कथन सही है?

1) वैक्यूम वेल्डिंग की जाती है

2) बेयर वायर इलेक्ट्रोड का प्रयोग किया जाता है

3) इसे किसी भी स्थिति में वेल्डिंग के लिए लगाया जा सकता है

4) धातु के जमाव की दर धीमी होती है

क्यू 53) कम गर्मी इनपुट इलेक्ट्रोड का उपयोग करने का क्या फायदा है?

1) वेल्ड धातु की बहुत पतली परत लागू की जा सकती है

2) विरूपण और ताना-बाना कम हो जाते हैं

3) वेल्ड धातु की गुणवत्ता उच्च है

4) सरफेसिंग सभी पोजीशन में की जा सकती है

Q 54) नीचे दिखाया गया वेल्डिंग सिंबल .... का है।

1) स्क्वायर बट वेल्ड

2) सिंगल - वी बट वेल्ड

3) डबल - वी बट वेल्ड

4) सिंगल - यू बट वेल्ड

Q 55) TIG वेल्डिंग में अनुचित अक्रिय गैस प्रवाह का क्या प्रभाव होगा?

1) सरंध्रता

2) दरारें

3) पैठ की कमी

4) वेल्ड धातु का ऑक्सीकरण हो रहा है

Q 56) कौन सी इलेक्ट्रॉनिक इकाई TIG वेल्डिंग में आर्क दीक्षा की सुविधा प्रदान करती है?

1) कम आवृत्ति इकाई

2) मध्यम आवृत्ति इकाई

3) उच्च आवृत्ति इकाई

4) दोहरी आवृत्ति इकाई

Q 57) TIG वेल्डिंग में प्रयुक्त होने वाला नोजल .... का बना होता है।

1) बैकेलाइट

2) सिरेमिक

3) प्लास्टिक

4) मिट्टी

Q 58) यदि वेल्ड की जड़ तक संलयन नहीं होता है तो क्या दोष होगा?

1) ब्लोहोल्स
2) पैठ की कमी
3) सरंध्रता
4) दरारें

Q 59) कौन सा गैर-विनाशकारी परीक्षण आंतरिक वेल्ड दोष की गहराई का निर्धारण कर सकता है?

1) अल्ट्रासोनिक परीक्षण
2) चुंबकीय कण परीक्षण
3) डाई पेनेट्रेंट टेस्ट
4) एडी करंट टेस्ट

Q 60) जब वेल्डिंग ओवरहेड स्थिति में की जा रही हो तो कौन सा भौतिक गुण पिघली हुई धातु को स्थिति में बनाए रखने में मदद करता है?

1)चुंबकीय आकर्षण
2) सतह तनाव
3) केशिका
4) थर्मल संकुचन

औद्योगिक प्रशिक्षण संस्थान

मासिक टेस्ट-7, अंक- 20, दिनांकः- ________________

(प्रत्येक प्रश्न दो अंक का होता है)

क्यू 61) एल्युमिनियम की टीआईजी वेल्डिंग के लिए उपयोग किए जाने वाले टंगस्टन इलेक्ट्रोड की नोक का आकार कैसा होता है?

1) नुकीला छोर
2) फ्लैट अंत
3) गोलाकार अंत
4) कोणीय अंत

Q 62) स्पॉट वेल्डिंग प्रक्रिया मूल रूप से .... पर निर्भर करती है।

1) फोर्जिंग दबाव का अनुप्रयोग
2) ओमिक प्रतिरोध
3) ऊष्मा उत्पन्न करना
4) ऊष्मा उत्पन्न करना और फोर्जिंग दबाव का अनुप्रयोग

Q 63) GMAW में मेटल ट्रांसफर के चार तरीके हैं। कौन सा सबसे कम माना जाता है वांछित?

1) स्प्रे
2) स्पंदित स्प्रे

3) गोलाकार

4) शॉर्ट सर्किटिंग

Q 64) रेजिस्टेंस सीम वेल्डिंग में किस प्रकार के इलेक्ट्रोड का उपयोग किया जाता है?

1) फ्लैट

2) डिस्क

3) गुंबददार

4) नुकीला

Q 65) फ्लक्स को .... प्रक्रिया में उपयोग करने की आवश्यकता होती है।

1) टीआईजी

2) एमआईजी

3) पत्रिका

4) देखा

Q 66) 0.3% से 0.45% कार्बन वाले कार्बन स्टील के टुकड़ों को वेल्ड करने के लिए प्रीहीट तापमान क्या है?

1) 100 से 120 सी

2) 150 से 280 सी

3) 280 से 350 सी

4) 350 से 450 सी

Q 67) गैस वेल्डिंग में कार्बराइजिंग फ्लेम द्वारा आपूर्ति की गई कार्बन वेल्ड धातु बनाती है ....

1) कठिन

2) तन्य

3) भंगुर

4) कठोर और भंगुर

क्यू 68) तांबे को प्रतिरोध वेल्डिंग द्वारा वेल्ड करना मुश्किल है क्योंकि इसकी...

1) उच्च तापीय चालकता

2) उच्च विद्युत चालकता

3) उच्च क्रूरता

4) उच्च लचीलापन

प्रश्न 69) यदि कच्चा लोहा बिना पहले गर्म किए वेल्ड कर दिया जाए तो क्या होगा?

1) सरंध्रता

2) अंडरकट

3) क्रैक

4) ब्लोहोल्स

Q 70) पाइप सेक्शन को एंड-टू-एंड जोड़ने के लिए किस रेजिस्टेंस वेल्डिंग मशीन का उपयोग किया जाता है?

1) स्पॉट वेल्डिंग मशीन

2) प्रोजेक्शन वेल्डिंग मशीन

3) बट वेल्डिंग मशीन

4) सीम वेल्डिंग मशीन

औद्योगिक प्रशिक्षण संस्थान

मासिक टेस्ट -8, अंक- 20, तिथि:- _______________

(प्रत्येक प्रश्न दो अंक का होता है)

Q 71) बट जॉइंट में रूट गैप (नीचे चित्र में g) सेट करने का क्या उद्देश्य है?

1) प्रवेश की आवश्यक गहराई प्राप्त करने के लिए

2) विकृति को नियंत्रित करने के लिए

3) उचित संरेखण बनाए रखने के लिए

4) अधिक धातु जमा करने के लिए

Q 72) कास्ट आयरन वेल्डिंग को जल्द से जल्द पूरा किया जाना चाहिए। यदि धीमी वेल्डिंग है

किया, यह जलने का कारण होगा............

1) लोहा और फास्फोरस

2) तांबा और लोहा

3) कार्बन और सिलिकॉन

4) सीसा और फास्फोरस

Q 73) स्पॉट वेल्डिंग में किस प्रकार के जोड़ का प्रयोग किया जाता है?

1) बट वेल्डिंग

2) गोद वेल्डिंग

3) कॉर्नर वेल्डिंग

4) एज वेल्डिंग

Q 74) यदि तीन या अधिक गैस सिलेंडरों को एक साथ जोड़ा जाता है, तो सिस्टम को .... कहा जाता है।

1) पोर्टेबल सिस्टम

2) समूह प्रणाली

3) कई गुना प्रणाली

4) उच्च दबाव प्रणाली

Q 75) यदि गीले फर्श पर खड़े होकर वेल्डर आर्क वेल्डिंग कर रहा हो तो क्या हो सकता है?

1) जलने की चोट

2) बिजली का झटका

3) टांग पर कट

4) आँख की चोट

Q 76) कौन सा मुख्य कारक एकल V बट जोड़ में वेल्डिंग की लागत में मदद करेगा?

1) इस्तेमाल की जाने वाली बुनाई तकनीक

2) V . का सही सम्मिलित कोण

3) चाप की लंबाई

4) इस्तेमाल किए गए वेल्डिंग करंट का प्रकार

Q 77) वेल्ड जॉइंट में फ्यूजन जोन के आगे के जोन को कहते हैं..

2) आसन्न क्षेत्र

3) गर्मी प्रभावित क्षेत्र

4) स्थानीय क्षेत्र

Q 78) इनमें से किस धातु की तापीय चालकता सबसे अधिक है?

1) माइल्ड स्टील

2) तांबा

3) एल्युमिनियम

4) जिंक

Q 79) ऑक्सी-एसिटिलीन काटने वाली मशाल टिप छिद्र को किस से साफ किया जाना चाहिए ....

1) टिप क्लीनर

2) तांबे का तार

3) स्टील के तार

4) छोटे आकार की ड्रिल

Q 80) आर्क वेल्डिंग में लांग आर्क के प्रयोग से बचने का एक कारण है ....

1) यह ओपन सर्किट वोल्टेज बढ़ाएगा

2) यह बेस मेटल के फ्यूजन की कमी देगा

3) जोड़ में दरारें आ जाएंगी

4) यह इलेक्ट्रोड की खपत में वृद्धि करेगा

औद्योगिक प्रशिक्षण संस्थान

मासिक टेस्ट-9, अंक- 20, दिनांकः- ____________________

(प्रत्येक प्रश्न दो अंक का होता है)

प्रश्न 81) यदि जोड़ को पूरा करने के लिए पासों की संख्या में वृद्धि कर दी जाए तो विकृति पर क्या प्रभाव पड़ेगा?

1) इससे विकृति बढ़ेगी

2) यह विकृति को कम करेगा

3) विरूपण पर इसका कोई प्रभाव नहीं पड़ेगा

4) विरूपण पर इसका बहुत कम प्रभाव पड़ेगा

Q 82) रूट बेंड टेस्ट का उपयोग वेल्ड की मात्रा का परीक्षण करने के लिए किया जाता है ....

1) लचीलापन

2) बढ़ाव

3) कठोरता

4) प्रवेश

Q 83) जब पानी कैल्शियम कार्बाइड के साथ प्रतिक्रिया करता है, तो उत्पन्न होने वाली गैस ....

1) हाइड्रोजन

2) एसिटिलीन

3) आर्गन

4) मीथेन

Q 84) वेल्डिंग सिंबल में इस्तेमाल होने वाले सर्कल का मतलब है कि वेल्डिंग ....

1) यह सुनिश्चित करने के लिए कि बाद की जमाराशियां अच्छी हैं

2) जोड़ के चारों ओर होना

3) किसी भी अतिरिक्त प्रवाह को दूर करने के लिए

4) सबसे पहले तनाव दूर करने के लिए

क्यू 85) पाइप वेल्डिंग की आईजी स्थिति में, पाइप होना चाहिए ....

1) घुमाया गया

2) झुका हुआ

3) क्षैतिज

4) लंबवत

Q 86) इनमें से कौन एक गैर-विनाशकारी परीक्षण है?

1)निक ब्रेक टेस्ट

2) प्रभाव परीक्षण

3) तन्यता परीक्षण

4) चुंबकीय कण परीक्षण

Q 87) आधार धातु का वह भाग जो वेल्डिंग के दौरान पिघलता नहीं है लेकिन उसकी सूक्ष्म संरचना बदल जाती है, __________ कहलाता है

1) फ्यूजन जोन

2) गर्मी प्रभावित क्षेत्र

3) डेड जोन

4) गोधूलि क्षेत्र

Q 88) एक वेल्डेड जोड़ को गर्म करने के तुरंत बाद उसे गर्म करना कहा जाता है ..

1) पोस्ट हीटिंग

2) विलंबित हीटिंग

3) देर से गर्म करना

4) तेज हीटिंग

Q 89) इनमें से किस वेल्डिंग प्रक्रिया में दानेदार फ्लक्स के उपयोग की आवश्यकता होती है?

1) छूत वेल्डिंग

2) मिग वेल्डिंग

3) जलमग्न चाप वेल्डिंग

4) मैनुअल मेटल आर्क वेल्डिंग

Q 90) क्या होगा यदि TIG वेल्डिंग के दौरान, टंगस्टन इलेक्ट्रोड पिघल जाता है और वेल्ड धातु पर जमा हो जाता है?

1) दरारें विकसित होंगी

2) खराब पैठ होगी

3) वेल्ड धातु दूषित हो जाएगी

4) फ्यूजन की कमी होगी

औद्योगिक प्रशिक्षण संस्थान

मासिक टेस्ट-10, अंक- 20, दिनांकः- ____________________

(प्रत्येक प्रश्न दो अंक का होता है)

Q 91) आर्क वेल्डिंग में इलेक्ट्रोड के अत्यधिक जलने का क्या कारण हो सकता है?

1)आर्क ब्लो

2) लंबी चाप लंबाई

3) निम्न गुणवत्ता वाले इलेक्ट्रोड

4) बहुत अधिक वेल्डिंग करंट

Q 92) किस गैर-विनाशकारी परीक्षण के लिए किसी शक्ति स्रोत से आपूर्ति की आवश्यकता नहीं होती है?

1) एक्स-रे परीक्षण

2) अल्ट्रासोनिक परीक्षण

3) डाई पेनेट्रेंट टेस्ट

4) हाइड्रोलिक दबाव परीक्षण

Q 93) यदि आप विद्युत चाप को नग्न आंखों से देखते हैं तो क्या हो सकता है?

1) बिजली का झटका

2) आँख की चोट

3) जलने की चोट

4) टांगों और हाथों पर काटना

Q 94) इनमें से कौन सा इलेक्ट्रोड के वर्गीकरण और कोडिंग में शामिल कारकों में से एक है?

1) फ्लक्स कोटिंग का प्रकार

2) इलेक्ट्रोड की लंबाई

3) इलेक्ट्रोड का कोर व्यास

4) इलेक्ट्रोड का आवश्यक बेकिंग तापमान

Q 95) किसी धातु का वह गुण जो उसे बिना टूटे खिंचाव, मोड़ या मुड़ने में सक्षम बनाता है, कहलाता है...

1) लचीलापन

2) लचीलापन

3) कठोरता

4) कठोरता

Q 96) वेल्ड निरीक्षण का कौन सा तरीका सबसे सस्ता है?

1) रेडियोग्राफी

2) अल्ट्रासोनिक परीक्षण

3) चुंबकीय कण परीक्षण

4) दृश्य परीक्षा

Q 97) जलमग्न चाप वेल्डिंग में किस प्रकार के भराव तार का उपयोग किया जाता है?

1) नंगे तार

2) हल्के से लेपित तार

3) भारी लेपित वायर्ड

4) फ्लक्स कोर्ड तार

Q 98) इनमें से कौन प्लास्टिक वेल्डिंग का एक उदाहरण है?

1) आर्क वेल्डिंग

2) गैस वेल्डिंग

3) फोर्ज वेल्डिंग

4) थर्मिट वेल्डिंग

Q 99) डबल वी या डबल यू एज तैयारी का उपयोग आम तौर पर किया जाता है यदि वेल्ड की जाने वाली प्लेटों की मोटाई ....

1) 1 - 5 मिमी
2) 5 - 10 मिमी
3) 10 - 15 मिमी
4) 15 मिमी . से अधिक

Q 100) गैस वेल्डिंग ब्लोपाइप का सिरा .... का बना होता है।
1) पीतल
2) कांस्य
3) तांबा
4) माइल्ड स्टील

औद्योगिक प्रशिक्षण संस्थान

मासिक टेस्ट-11, अंक- 20, दिनांक:- ____________________

(प्रत्येक प्रश्न दो अंक का होता है)

Q 101) इनमें से कौन एक अस्थायी जोड़ है?
1) वेल्डेड संयुक्त
2) प्रेस फिट जॉइंट
3) ब्रेज़्ड जोड़
4) रिवेटेड जॉइंट

Q 102) उच्च दाब पर एक सिलेंडर में एसिटिलीन गैस को स्टोर करने के लिए किस माध्यम का उपयोग किया जाता है?
1)पेट्रोलियम जेली
2) मिट्टी का तेल
3) एसीटोन
4) पानी

क्यू 103) सुरक्षा की दृष्टि से गैस सिलेंडर और रेगुलेटर पर कभी भी .... का प्रयोग न करें।
1) रिंच
2) तेल
3) टेफ्लॉन टेप
4) लीक डिटेक्टर

Q 104) किस ऑक्सी-एसिटिलीन ज्वाला में ईंधन गैस की अधिकता होती है?
1) ऑक्सीकरण ज्वाला
2) कार्बराइजिंग फ्लेम
3) तटस्थ लौ
4) मानक लौ

Q 105) वायुमंडल में सबसे आम (अधिकतम प्रतिशत) गैस कौन सी है?

1) ऑक्सीजन

2) नाइट्रोजन

3) कार्बन डाइऑक्साइड

4) मीथेन

Q 106) विद्युत परिपथ धारा के प्रवाह द्वारा लिया गया पथ है। बिना विराम वाले पथ को .... कहा जाता है।

1) क्लोज्ड सर्किट

2) ओपन सर्किट

3) सीमित सर्किट

4) सतत परिपथ

Q 107) उष्मा को .... नामक इकाइयों में मापा जाता है।

1) न्यूटन

2) जूल

3) वाट

4) सेल्सियस

Q 108) गैस वेल्डिंग टॉर्च जलाने के लिए हमेशा .... का उपयोग करें।

1) माचिस

2) स्ट्राइकर

3) इलेक्ट्रिक आर्क

4) सिगरेट लाइटर

Q 109) विद्युत परिपथ में प्रवाहित होने वाली धारा की मात्रा से क्या संबंध है?

1) वोल्ट

2) एम्पीयर

3) ओहम

4) हट्ज़

Q 110) गैस वेल्डिंग टार्च की नोक को साफ करने के लिए किसका प्रयोग करना चाहिए?

1) स्टील के तार

2) तांबे का तार

3) कॉपर लेपित इस्पात तार

4) टिप क्लीनर

औद्योगिक प्रशिक्षण संस्थान

मासिक टेस्ट-12, अंक- 20, दिनांक:- ____________________

(प्रत्येक प्रश्न दो अंक का होता है)

Q 111) निम्नलिखित में से किसकी तापीय चालकता अपेक्षाकृत अधिक है?

1) जिंक

2) माइल्ड स्टील

3) तांबा

4) एल्युमिनियम

Q 112) ऑक्सी-एसिटिलीन वेल्डिंग के मामले में, ऑक्सीजन सिलेंडरों को पेंट किया जाता है।

1) सफेद

2) काला

3) मरून

4) लाल

क्यू 113) कौन सी गैस वेल्डिंग लौ फेरस और अलौह दोनों को वेल्ड करने के लिए बेहतर है

धातु?

1) ऑक्सी-एलपीजी लौ

2) ऑक्सी-एसिटिलीन ज्वाला

3) ऑक्सी-हाइड्रोजन ज्वाला

4) वायु-एसिटिलीन ज्वाला

Q 114) वेल्ड बीड से स्लैग हटाने के लिए क्या प्रयोग किया जाता है?

1) मैलेट

2) छिलने वाला हथौड़ा

3) पंजा हथौड़ा

4) स्लेज हैमर

प्रश्न 1) वेल्डिंग की दुकान की दीवारों को रंगना चाहिए

1) गहरा रंग

2) सफेद रंग

3) रंग प्रतिबिंबित करना

4) इनमें से कोई नहीं

प्रश्न 2) सुरक्षा के उद्देश्य से, क्या अच्छा अभ्यास नहीं है?

1) सिलेंडर की फिटिंग पर तेल या ग्रीस का प्रयोग करें

2) सिलिंडर को ठंडा रखें

3) सिलेंडरों को रोलर्स के रूप में उपयोग न करें

4) सिलिंडरों को आँवले के रूप में प्रयोग न करें

Q 3) हस्तचालित धातु चाप वेल्डिंग में चाप की लंबाई कितनी होनी चाहिए?

1) लगभग इलेक्ट्रोड वायर डाया के बराबर।

2) लगभग आधे इलेक्ट्रोड वायर डाया के बराबर।

3) लगभग डबल एलेक्रोड वायर डाया के बराबर

4) लगभग 1.5 गुना इलेक्ट्रोड वायर डाया के बराबर।

Q 4) इनमें से कौन सी इलेक्ट्रोड कोटिंग वेल्डिंग के दौरान अतिरिक्त वेल्ड धातु प्रदान करती है?

1) लौह चूर्ण इलेक्ट्रोड

2) खनिज सिलिकेट

3) कैल्शियम फ्लोराइड

4) धातु कार्बोनेट

Q 5) डाई पेनेट्रेंट टेस्ट में, किस क्रिया के आधार पर तरल डाई को असंततता से बाहर निकाला जाता है?

1) हीटिंग

2) कूलिंग

3) सक्शन

4) केशिका

क्यू 6) गैस सिलेंडर पर रेगुलेटर लगाने से पहले, वाल्व को एक चौथाई मोड़ पर खोला जाता है और फिर तुरंत बंद कर दिया जाता है। इस क्रिया को क्या कहते हैं?

1) चेकिंग

2) सेटिंग

3) परीक्षण

4) क्रैकिंग

www.ingramcontent.com/pod-product-compliance
Ingram Content Group UK Ltd.
Pitfield, Milton Keynes, MK11 3LW, UK
UKHW021912190726
13853UKWH00002B/638

9 798888 694374